COURS

DE

DROIT PUBLIC.

COURS

DE

DROIT PUBLIC.

Le seul moyen de délivrer les gouvernés et les gouvernans des fléaux qui les poursuivent, consiste à substituer, en ce qui concerne le systême social, l'évidence aux opinions.

TOME V.

A PARIS,

Chez Madame HUZARD, Libraire, rue de l'Éperon, N°. 11, faubourg Germain.

AN XI.

ARTICLES

Contenus dans ce volume.

TROISIÈME PARTIE
DU COURS DE DROIT PUBLIC.

QUATRIÈME PARTIE
DU COURS DE DROIT PUBLIC.

AVERTISSEMENT.

TROISIÈME PARTIE

DU

COURS DE DROIT PUBLIC.

Cause de la violation des propriétés.

Le 3o fructidor an 3.

Des systêmes incohérens, absurdes, funestes, se sont perpétués comme sacrés, divins, nécessaires : les idées exactes ne se sont propagées que difficilement; et les vérités utiles, faute du moyen capable de se communiquer à tous les individus, faute de l'art typographique, n'ont point apporté au genre humain tous les secours dont il avoit besoin.

Mais de ce que le genre humain est encore poursuivi par ses premières illusions, la sagesse permet-elle d'en conclure qu'il ne s'affranchira jamais du joug sous lequel l'audace, l'impiété et l'imposture l'ont asservi?

Ce n'est point par des causes inhérentes à l'organisation de l'homme, que le genre humain manque de la *connoissance des principes du systême social*, manque de *l'instruction sans laquelle il ne peut s'empêcher*

A 4

*de nuire à son intérêt personnel et à l'inté-
rêt d'autrui.* Cette instruction lui est refusée
par des causes qui existent *hors de l'homme*,
par des *causes* dites *politiques*. Ces causes
ne sont point inaltérables; elles ne sont qu'ac-
cessoires, elles ne sont qu'accidentelles. Ces
causes sont amovibles; elles se sont atténuées,
et la destinée veut qu'elles disparoissent avec
les circonstances qui les avoient perpétuées.

L'homme a des facultés sensitives, intellectuelles et mécaniques; elles s'exercent chacune
à part, ou simultanément. C'est en proportion
de leur développement et de leur accroissement que ses intérêts se multiplient, s'agran-
dissent et se compliquent; c'est aussi en proportion de l'affoiblissement ou du dépérisse-
ment de ses organes et de ses facultés, que
ses intérêts se changent, se rétrécissent et se
concentrent.

Quoique nous ayons reçu le sentiment du
besoin avec la vie; quoiqu'il excite nos organes aux fonctions qui intéressent, soit le
développement, soit le perfectionnement, soit
la conservation de nos facultés; et quoique
l'influence des objets externes ajoute le sentiment de la convenance à celui du besoin,

cependant nos pensées et nos actions ne sont pas toujours conformes à notre intérêt; elles le compromettent souvent.

Le vœu intentionnel de l'homme, *le desir de ne jamais oublier ni blesser ses intérêts,* est contrarié soit par l'inertie des facultés existantes en lui, soit même par une opposition entr'elles.

Cette inertie ou cette opposition appartiennent, dans leur presque totalité, à des causes qui ne se sont perpétuées que par une politique abominable.

Ces causes sont l'ignorance originelle, la mauvaise éducation, les mauvaises lois, les mauvais exemples, ainsi que tous les fléaux que les gouvernans dirigent contre les gouvernés et contre eux-mêmes. Ces causes malfaisantes, délétères, ennemies de tous les hommes, peuvent être écartées.

Tous les hommes sont capables de recevoir l'instruction, qui leur apprend ce que nul ne peut ignorer sans porter dommage à soi et à autrui; l'instruction qui constitue l'homme CITOYEN; l'instruction qui autorise l'homme, qui l'invite et le détermine à respecter et à faire respecter les propriétés de tout genre.

Et le seul développement de ses organes et

(10)

des facultés qui en dépendent, ne donne-t-il
pas à l'homme cette fierté et cette curiosité
qui l'appellent à la recherche et à la jouissance de ses droits?

Mais la faculté dont l'homme est pourvu
afin qu'il fasse valoir sa perfectibilité et qu'il
acquière un sentiment infaillible du bien et
du mal; en un mot, *la sensibilité*, devoit elle-
même compromettre ses intérêts.

Nous l'avons déjà dit, des pouvoirs systématiques, scandaleux et outrageans, l'action
du mauvais exemple et une détestable éducation, mettent la sensibilité en défaut, précisément quant aux objets qu'il importe d'apprécier, et quant aux attachemens qu'il importe
d'avoir et de fortifier : mais ils la dirigent vers
des objets fantastiques (*); et voilà pourquoi
des besoins factices et les écarts de l'imagination lui donnent la plus funeste activité.

Plongé dans l'illusion, déconcerté dans la
recherche de ses premiers intérêts, trahi par
sa sensibilité, l'homme s'écarte de ce qui lui
est salutaire et se familiarise avec les affec-

(*) *Voyez* vol. Ier. RÉPERTOIRE POLITIQUE ET
MORAL, CIRCONSTANCES. *Voyez* PRÉCIS HISTORIQUE,
vol.

tions qui le dégradent et achèvent de le dénaturer.

La tyrannie de l'homme sur l'homme s'empare de chaque individu dès sa naissance; elle lui impose le sceau de la stupidité; elle imprègne ses organes de miasmes superstitieux; elle vicie ses moyens de perfectionnement; elle le flétrit par l'adversité, le scandale, l'opprobre; elle anéantit en lui jusqu'au germe du sentiment de ses prérogatives.

L'ignorance est la plus dangereuse des maladies de l'ame, et la source de toutes les autres (*).

L'ignorance, compagne inséparable de l'homme isolé, devoit établir l'oppression par-tout où se formoit une société; car l'ignorance du plus grand nombre des hommes devoit les livrer à l'astuce et à la férocité de quelques individus.

En nous représentant les résultats que l'imposture, l'audace, la terreur et le choc de toutes les passions devoient amener, nous concevons que des peuplades s'agrandirent, que d'autres durent disparoître; nous concevons qu'un chef qui ne pouvoit étendre sa

---

(*) Bossuet.

domination sur plusieurs pays qu'avec le secours de quelques affidés, fut obligé de leur
remettre une portion de son autorité.

L'autorité d'un chef s'anéantissoit, soit par
des accidens qui ne dépendoient point des
hommes, soit par des sophismes et par la
force ouverte dont ils eurent bientôt appris
à faire usage pour se tromper, se subjuguer,
s'exterminer les uns les autres.

La doctrine double, les vices, les crimes,
et tous les malheurs qui dérivent de l'absence
de l'idée de la perfectibilité du genre humain,
poursuivant ainsi toutes les générations, les
rois ne pensèrent point à cultiver la raison;
ils ne pensèrent point à apprendre ce qu'un
état civilisé doit aux individus, ce que les individus doivent à l'état, et ce que les individus se doivent mutuellement.

Et le dernier des rois de France n'étoit-il
pas trop ignorant pour se former une idée du
pouvoir contre lequel il luttoit? Sans doute
Louis XVI voyoit des factieux; mais il ne
savoit pas qu'il étoit lui-même un factieux;
il ne savoit pas que le POUVOIR MORAL, L'IN-
TÉRÊT DE LA NATION, L'ESPRIT PUBLIC, condamnent un roi parjure, un roi hypocrite ou
fanatisé.

Les rois assez imbécilles pour croire aux

prêtres, ainsi que ceux qui, de leur propre mouvement, spéculent sur l'abrutissement des nations, rendent eux-mêmes leur situation perplexe : c'en est assez d'un *PITT* pour les entraîner dans une guerre qui attire sur eux la haine, même le mépris de l'Europe.

Certes, il existe dans les hommes une perfectibilité qui ne se trouve point dans les autres êtres vivans ; mais aussi les hommes sont-ils sujets à des illusions et à des humiliations que les autres êtres vivans n'éprouvent point. Notre imagination est plus exagérée et dangereuse, notre instinct moins fidèle, nos passions sont plus multipliées, plus bizarres, souvent absurdes ; et pour tout dire, nous sommes enclins au merveilleux et à la superstition, tandis que les autres animaux n'ont ni ce ridicule, ni cette foiblesse.

L'homme pouvant éprouver des afflictions et des tourmens auxquels les autres êtres animés ne sont pas exposés, et l'homme étant doué d'une perfectibilité qui ne se trouve pas en eux, nous connoissons l'intention de Dieu à notre égard.

L'homme doit faire valoir sa perfectibilité, et acquérir une science qui l'élève à la dignité de son rang ; une science qui le fasse triompher des ennemis qu'il porte en lui, ainsi que de ceux dont une politique funeste l'environne; cette science, c'est la MORALE.

La MORALE répugne aux opinions, elle condamne l'imposture; et l'expérience ne cesse d'avertir, que s'emparer des hommes pour leur inspirer des opinions presbytérales, c'est les infecter du germe des inconséquences avec celui de la plupart des vices et de tous les crimes.

Les hommes sont susceptibles de perfectionnement; mais le *systême de mensonge, le systême presbytéral* les déprave. Les hommes naissent pour la vertu et le contentement; mais le *systême de mensonge, le systême presbytéral* les transforme en métifs imbécilles et vicieux, lâches et furibonds.

Ce *systême* en même tems ennemi du foible et du plus fort, ce système perfide et atroce a jusqu'à nos jours perpétué l'ignorance avec la superstition, et par elles l'absence des principes du systême social; ainsi même il a perpétué la crapule et la férocité du genre humain; ainsi même il a occasionné et nécessité des revers, des dangers, des catastrophes auxquels les potentats ont été les plus exposés.

Bénissons la philosophie et l'art typographique : grace aux progrès de l'esprit humain,

une nation immense ne peut plus être empêchée, ni s'empêcher elle-même de substituer,
en tout ce qui concerne le systême social, l'é-
vidence aux opinions; elle substituera donc la
religion universelle aux sectes, la méthode à
l'arbitraire, le bon ordre aux abus, et toutes
les jouissances que son instruction et sa valeur
lui assurent, à la perplexité, au scandale et
à l'oppression.

L'exemple le plus attrayant invitera succes-
sivement tous les peuples à renoncer aux préjugés anti-sociaux; et les personnages qui exercent la souveraineté, acquerront eux-mêmes
la connoissance du seul moyen de se rendre
inviolables; ils sauront accorder leurs intentions et leurs actions avec les principes du systême social; ils s'appliqueront à se conformer, à tous égards, à l'intérêt des peuples
qu'ils gouvernent, et à celui du genre humain; ils obtiendront l'amour et le respect
des nations; ils sentiront le bonheur.

Puisque le moyen de repousser et d'anéantir l'esprit ennemi de Dieu et des hommes,
consiste dans la persévérance à détruire les
illusions, il faut réfuter les sophismes jusqu'à ce qu'ils ne se reproduisent plus; il faut,
quoiqu'il soit nauséabond de revenir sur ce

qui a été dit et répété tant de fois, ne point se lasser de démontrer le vice des argumens aristocratiques.

Nos adversaires prétendent que les merveilles opérées pendant le règne de *Louis XIV* sont des preuves irrécusables de l'excellence du *système de mensonge*.

Mais si les hommes riches ne pouvoient satisfaire leurs goûts et leurs passions que par des jouissances qu'avoient à procurer l'agriculture, le commerce, les métiers, les arts et les sciences, les hommes à talens avoient aussi des besoins à contenter ; ils devoient donc faire des découvertes, et les perfectionner ; et c'est ainsi qu'à différentes époques, déterminées par la succession et la réunion de circonstances favorables, la littérature elle-même et les sciences ont été cultivées avec de grands succès : pour que cela se fît, avoit-on affaire de l'imposture et de la superstition, du prestige et de la crédulité ? Falloit-il qu'il y eût des saints et des énergumènes, des charlatans et des dupes, des brigands et des victimes ? Non ! Pour que l'agriculture, les arts, les métiers, la littérature, les sciences prospérassent, il ne falloit que des besoins, des goûts, des passions qui missent les bras, les talens et le génie en activité.

Mais

Mais d'où est venue la persécution contre les savans qui s'occupoient à conduire les hommes au sentiment de leurs devoirs?

Que d'atrocités les prêtres et leurs ayant-cause n'ont-ils pas commises pour retenir le genre humain dans l'abjection, dans l'abrutissement! Il n'y a pas une contrée en Europe, où les opinions presbytérales et féodales n'aient exercé l'influence la plus délétère.

Les partisans du *systéme de mensonge* voudroient se faire une égide de ce *Louis XIV* qui a ruiné son royaume par ses guerres, par ses bâtards, ses bâtimens et ses impôts; qui a provoqué la cour à l'idolâtrie de sa personne; qui s'est laissé subjuguer par ses confesseurs et par une hypocrite, ou, si vous voulez, par une dévote; qui, par son orgueil, s'est fait haïr de toute l'Europe; qui, par son incapacité politique, a fait émigrer les hommes les plus industrieux. Puisque les prêtres et les gens à priviléges s'avisent de nous rappeler *Louis XIV*, nous ferons remarquer qu'à l'époque à laquelle il se plaçoit sur le trône, se présentoient des circonstances favorables, que des circonstances plus décisives devoient suivre. En effet, *Richelieu* avoit écarté ou muselé les tyranneaux qui eussent pu être incommodes à l'autorité monarchique, et les lettres renaissoient en France. *Louis XIV* pouvoit donc, avec de médiocres talens, obtenir de brillans succès de la valeur et du génie national. Mais, nous le demandons, à quelle cause appartiennent ses fautes, ses revers, et tant de désastres qui accablèrent la nation ? c'est aux prêtres : fomentant la discorde, pervertissant les hommes et les choses, ils avoient amené malheurs sur malheurs sous le règne de *Louis XIV*, comme sous les règnes antérieurs.

Pendant le règne de *Louis XV*, que de cabales et d'intrigues de leur part ! Ils ont fait mettre à la *Bastille* jusqu'à l'Encyclopédie.

Ils osoient, même encore du tems de *Louis XVI*, s'élever si hautement contre la saine politique, que *MALESHERBES*, pour s'expliquer sur les droits civils à accorder aux *Protestans*, fut obligé de délayer son avis dans deux volumes de phrases.

Ainsi le passé et le présent nous apprennent, d'une manière univoque, qu'en tous tems et en toute occasion L'ESPRIT PUBLIC ne s'est jamais avancé qu'en dépit des prêtres.

Prêtres et gentilshommes ! l'illusion est détruite : l'agriculture, le commerce, les arts et les sciences supposent indispensablement des connoissances, ainsi que des intérêts fondés sur la réalité; ces connoissances et ces intérêts ne peuvent qu'être contrariés par le *système de mensonge* : ce *système* est caduc chez une nation qui en reconnoît l'inconséquence et la perfidie.

Ce ne sera point faire une chose hors de propos, que de rapporter le paradoxe de CARICLÈS. Selon ce paradoxe, il ne falloit rien perfectionner; le plus léger perfectionnement en la moindre des choses, devoit conduire à un autre perfectionnement; le perfectionnement de plusieurs choses devoit amener des changemens; et de changemens en changemens, il falloit arriver au bouleversement de l'état.

L'instruction du peuple étant impraticable dans le tems où CARICLÈS vivoit, un gouvernement qui eût l'intérêt des gouvernés pour objet, ne pouvoit exister; c'étoit donc un mal inutile que de renverser un ordre de choses établi : les gouvernemens, en changeant de formes, ne changeoient que de dénomination : car tant que les peuples avoient à croupir dans l'ignorance, le mode de gouverner restoit le même : les gouvernans ne pouvoient pas renoncer à l'imposture; et il est impossible que les personnages qui sont dans l'obligation d'en imposer aux peuples, n'abusent point de cette fonction infâme et terrible.

Selon les partisans du *systême de mensonge*, il faut un chef héréditaire à un état d'une grande étendue, ce qui signifie que les partisans du *systême de mensonge* regrettent les priviléges.

Car le peuple Français démontre expérimentalement que, sans avoir une famille royale, il peut résister aux rois ligués contre lui.

Et il démontrera qu'il n'en a nul besoin pour trouver, établir et maintenir ses lois. Les lois ne doivent avoir pour objet que l'avantage de la nation, et la nation connoissant ses intérêts, ainsi que le moyen de se les assurer, n'oubliera jamais qu'elle reperdroit ses droits, si elle cessoit de remplir ses devoirs; conséquemment elle trouvera les bonnes lois; elle les respectera et les fera respecter.

Quant aux moyens d'administration, n'avons-nous point le secours de cet art, qui, en quelques jours, peut transmettre à la république les intentions et les décisions du gouvernement?

Quant aux finances, les recettes étant une fois fixées, les dépenses motivées, et *l'impres-*

sion donnant aux comptes qui devront être rendus toute publicité, il faudra nécessairement que tous les détails s'épurent au point de ne rien laisser à desirer, ni quant à la lucidité, ni quant à l'économie.

Et remarquez que chez une nation dont les individus ne savent se soumettre qu'à la raison et aux lois, il se forme un grand nombre d'hommes capables d'analyser les procédés des gouvernans.

Remarquez encore que les intérêts d'une *famille royale*, la minorité, les passions, l'imbécillité d'un chef héréditaire étant écartés, les relations commerciales et politiques de la France prendront une stabilité qui influera heureusement sur sa destinée et sur celle des autres nations (*).

Ainsi donc, ni quant à la législation, ni quant à la direction des forces militaires, ni quant aux négociations, ni quant à l'impôt et à sa destination, ni quant à aucune autre fonction du gouvernement, la France n'éprouve le besoin d'un chef héréditaire. Mais l'élection de son chef et de tous ses magistrats lui assure le moyen de porter *la science du gouvernement* à toute perfection possible.

(*) *Voyez* page 197 et suiv.

Disons aussi que les rois qu'anime L'ESPRIT
PUBLIC, qu'anime L'INTENTION DE COOPÉRER
AU PERFECTIONNEMENT DU GENRE HUMAIN,
se féliciteront qu'un peuple invincible par les
armes, se soumette à l'empire de la raison;
que, par la connoissance de son véritable intérêt, il s'attache à jamais aux principes du
système social : car alors ces rois sauront
s'élever au-dessus du besoin si fatal, si humiliant de transiger avec les autres rois qui
persisteroient à s'opposer à l'intérêt du genre
humain.

Les horreurs auxquelles l'insurrection a servi
de prétexte, n'auroient pas pu se commettre,
si *Louis XVI,* son conseil, les parlemens,
ainsi que les *deux premiers ordres,* n'eussent
manqué des sentimens qui devoient les faire
franchement accéder à la réformation des
abus.

Et dans les circonstances où les Français
se trouvèrent alors, l'honneur et la probité,
que dictoient-ils aux rois de l'Europe? L'intérêt de toutes les nations exigeoit qu'ils gar-
dassent la neutralité : cependant la plupart
d'entr'eux se sont ligués, pour, en même
tems, s'attribuer les dépouilles de la France,
et pour empêcher la solution du problême
dont leur ignorance et leurs passions s'inquié-

toient. Qu'en est-il arrivé? Les Français ont conquis l'indépendance, mais l'Europe est encore ensanglantée. Voilà le résultat politique et matériel de l'avidité des rois et de leur obstination à ne pas consentir à *l'instruction du genre humain et à ne pas apprendre euxmêmes à se conformer aux principes du système social.*

Et pendant que les rois coalisés attaquoient insolemment la France, ce misérable *Louis XVI*, par sa dissimulation et sa lâcheté, l'environnoit d'incertitudes et de précipices : ses ennemis et les nôtres s'en prévalurent pour provoquer à tous les excès, et pour les effectuer au nom du peuple.

Les aristocrates n'ayant pu persuader à la classe laborieuse qu'elle ne pouvoit pas exister sans eux, disent à la classe opulente : *Il faut des opinions superstitieuses et un culte presbytéral ; car si la masse des hommes étoit affranchie de tout préjugé presbytéral, elle cesseroit de se procurer sa subsistance par le travail ; la masse des hommes y pourvoiroit par la rapine, même à force ouverte, par le pillage.*

Mais si la masse des hommes cessoit de travailler, ce monstrueux phénomène appartiendroit, par sa cause, aux aristocrates, aux partisans du *systéme de mensonge,* qui auroient empêché le peuple de connoître son intérêt capital; car les matières premières, les substances qui fournissent et les alimens et les vêtemens, manqueroient bientôt au pays où la masse des hommes auroit cessé de travailler.

Et un gouvernement conforme au *systéme de vérité,* conforme aux intérêts de la nation, dès qu'il est une fois consolidé, ne s'oppose-t-il pas au brigandage?

Et l'instruction du peuple, si fatale aux gouvernemens qui veulent encore s'étayer de l'imposture, n'augmente-t-elle pas, de jour en jour, la force d'un gouvernement qui s'appuie sur la vérité?

Oui, un peuple qui renonce aux opinions et aux pratiques superstitieuses, acquiert par cela même les connoissances et la sagesse qui assurent aux gouvernans tous les moyens de tarir la source des erreurs, ainsi que des crimes.

Mais dans un état où les *opinions,* c'est-à-dire la *non-évidence,* dominent, les fripons de toute catégorie trouvent mille occasions *d'user la vie du pauvre,* ainsi que de faire fortune aux dépens de la chose publique; et les factieux, en toute contrée où il y a des *opinions* et des *cultes presbytéraux,* trouvent un point d'appui dans le prétexte, soit de les renverser, soit de les soutenir.

Lorsqu'un peuple est assez avancé pour s'apercevoir lui-même que le presbytéralisme est la cause première, ainsi que le soutien de tout abus, de tout arbitraire, de tout attentat, il faut être fripon, factieux, frénétique, être devenu imbécille par l'habitude de croire aux prêtres, ou se trouver précisément dans un cas d'exception, pour ne pas ouvertement abhorrer et rejeter tous les *cultes presbytéraux* avec les *croyances* qu'ils supposent.

Quant aux fripons et aux factieux, c'est à L'ESPRIT PUBLIC à les poursuivre, et aux lois à les atteindre. Quant aux frénétiques, s'ils menacent de quelque danger, la police doit les séquestrer. Quant aux imbécilles, leur maladie a besoin de commisération : aussi L'ESPRIT PUBLIC tolère - t - il tous les cultes presbytéraux; mais il les regarde comme les symptômes d'une maladie honteuse, ainsi que dangereuse; conséquemment il emploie les remèdes les plus propres pour en arrêter la

contagion, et pour en opérer la guérison ra-
dicale (*).

Et il est un moyen prompt et immanqua-
ble de déraciner le presbytéralisme, moyen
conforme et à l'intérêt des hommes riches en
biens matériels, et à l'intérêt des hommes qui
ne possèdent que les propriétés facultatives.

Ce moyen, la nature elle-même l'indique;
mais pour saisir le vœu de la nature, nous devons étudier ses lois; elles donnent au motif
du respect des propriétés tous les caractères
de l'évidence.

____

(*) *Voyez* page 179 et suiv.

Moyen d'assurer aux propriétés un respect unanime et permanent.

Le 3o fructidor an 3.

LES *propriétés* sont ou inhérentes à notre organisation, ou territoriales, ou mobiliaires.

En nous observant nous-mêmes, nous concevons que les *propriétés* inhérentes à notre organisation consistent en nos facultés sensitives, intellectuelles et mécaniques ; nous concevons en même tems que ces *propriétés* sont les plus précieuses, et que la plus importante d'entr'elles, c'est la RAISON ; puisque, privés de raison, les hommes sont exposés à faire un mauvais usage des autres *propriétés*.

Quant aux *propriétés territoriales et mobiliaires*, leur dénomination en donne elle-même une juste idée.

L'ignorance et la superstition considèrent les *pouvoirs systématiques* comme des *propriétés* ; mais les principes du système social refusent le nom et le caractère de *propriétés* à de tels *pouvoirs* : ces pouvoirs ne consistent

que dans des autorités ou déléguées, ou usur-
pées.

Les pouvoirs systématiques qui doivent leur
origine au prestige, ainsi qu'à la violence, et
ne se perpétuent que par les mêmes moyens,
sont monstrueux et sacriléges.

Ayant indispensablement besoin de la stupeur des peuples, ces pouvoirs nécessitent des
formes de gouvernement fatales aux nations,
et périlleuses pour les personnages qui exercent la souveraineté. Elles les exposent à des
vacillations, à des anxiétés, et enfin à des catastrophes qui feront disparoître les domina-
tions dérivant de l'esprit de mensonge et d'un
féroce abus des armes.

Quoique ce soit uniquement par sa conformité avec l'intérêt du genre humain, que
l'exercice du pouvoir souverain se légitime,
cependant en France les rois affectoient de
tenir le royaume *de Dieu et de leur épée*.
Quant aux prêtres, n'ayant de pouvoir que
par le prestige, ne falloit-il pas, pour dominer
sur les peuples et sur les rois, qu'ils fissent accroire qu'ils étoient d'*institution divine?* Mais
c'est sincèrement que les gentilshommes supposent *au sang qui coule dans leurs veines*
une qualité à part, superfine, une qualité su-
périeure à celle du sang des autres hommes.

Les pouvoirs systématiques qui sont des apanages presbytéraux ou féodaux, étant nécessairement opposés à l'intérêt du genre humain, il falloit que les *propriétés* inhérentes à l'organisation des individus appelés, soit *prêtres*, soit *gentilshommes*, se viciassent de plus en plus par d'infâmes habitudes; car il leur falloit être continuellement en révolte contre le genre humain; il leur falloit employer un éternel *terrorisme* pour empêcher que les nations ne s'éclairassent. Eh! ne faudroit-il point, si les nations demeuroient privées de la connoissance des principes du système social, que les rois servissent toujours d'instrument au presbytéralisme; jonglerie impie et insolente, qui jusqu'à présent en a imposé si grossièrement aux peuples et aux rois eux-mêmes?

Selon la doctrine de presque tous les auteurs et professeurs qui ont traité du DROIT DES GENS, *l'exercice de la souveraineté exigeant une très-grande prépondérance d'autorité, le personnage qui exerce la souveraineté doit avoir une part immensément prépondérante et dans les propriétés territoriales, et dans les propriétés mobiliaires.*

Nous Français, nous n'accordons notre as-

(3o)

sentiment qu'à des principes immuables, résultats immédiats de la nature elle-même.

Et la nature manifeste son intention aux
hommes qui savent s'affranchir de tout préjugé ; la nature leur apprend que la souveraineté appartient à la faculté de posséder et
de faire valoir la masse entière de toutes les
propriétés : cette faculté n'existe que dans le
peuple.

Le peuple, souverain de droit, devient souverain de fait en acquérant le sentiment de
lui-même : lui seul peut cultiver et conserver
l'ensemble des *propriétés territoriales*, donner tout accroissement aux *propriétés inhérentes à l'organisation humaine*, et, de génération en génération, transmettre l'ensemble
des *propriétés* de tout genre dans leur plénitude : c'est donc dans le peuple que réside
cette faculté assez énergique et durable pour
assurer à l'exercice de la souveraineté un respect universel, un respect motivé et permanent.

Le pacte social, une fois qu'il est conçu
d'après une telle théorie, se caractérise par
l'évidence des principes ; et les lois dictés par
des principes évidens, inspirent le respect et
l'obéissance, qui s'établissent en connoissance
de cause et demeurent imperturbables.

(31)

Un tel pacte social, s'appuyant sur l'intérêt du genre humain, anéantit l'arbitraire, les priviléges et toutes les autorités parasites; il établit des fonctions législatives, exécutives et administratives; il écarte toute illusion; il exige, nationalise et perpétue *l'absolu pouvoir de la vérité, l'absolu pouvoir des principes du système social.*

Concluons que chez un peuple qui acquiert la connoissance de soi-même, la nature tend à substituer l'évidence aux opinions, la bonne foi au prestige, la piété à l'hypocrisie, le bon sens à la superstition, la morale au presbytéralisme, le culte divin à l'idolâtrie, la religion universelle aux sectes, et le bon ordre aux abus.

Aujourd'hui nous pouvons, conséquemment nous devons *réfuter expérimentalement* l'axiôme féodo-presbytéral : *tout ce qui est bon en théorie, n'est pas bon en pratique;* nous devons prouver par le fait que le pouvoir moral n'est pas une chimère, mais que les bons principes sont immanquablement suivis de bons résultats, par-tout où il y a des hommes capables d'écarter à jamais les obstacles qui empêchent que les bons principes ne prévalent, ne s'établissent complètement.

Ces obstacles sont de deux genres; les uns proviennent du plus criminel abus de la force armée; les autres consistent dans l'art, non moins exécrable, d'en imposer par des sophismes.

Les armées Françaises renversent et renverseront les obstacles du premier genre (*); si les autres ne sont pas encore abattus, c'est que la plupart des hommes opulens s'imaginent que ce n'est que grace à la superstition, conséquemment que ce n'est que par l'imposture, que ce n'est que par le *presbytéralisme*

(*) A quelle cause faut-il attribuer les malheurs que la France vient d'éprouver? à l'ignorance, à l'*ânerie* nationale. C'est elle qui a induit nos gouvernans à contrarier l'objet de leurs fonctions, à se flatter en même tems qu'ils pourroient cacher leur ineptie avec leurs passions abjectes, en *payant d'effronterie*, et en accumulant les circonstances, dont le concours devoit faire succéder les plus douloureux revers aux plus brillans succès.

La leçon ne sera point perdue.

La nation s'éclaire sur son intérêt; nos premiers magistrats s'apercevront que l'imposture et l'impudence sont de sottes et de fatales sauve-gardes; ils s'apercevront combien il est différent d'encourir la disgrace du peuple Français, ou d'obtenir son approbation, son estime et sa bienveillance.

N. B. *Cette note date de prairial an 7.*

qu'ils

qu'ils peuvent prétendre au respect de leurs *personnes* et de leurs autres *propriétés*.

Mais Dieu défend à l'homme d'opprimer l'homme.

La volonté de Dieu à notre égard se manifeste universellement et avec évidence. C'est dans l'organisation individuelle de l'homme que se trouve le motif du respect des propriétés de tout genre. Il s'agit de l'actualiser; il s'agit donc de cultiver LA RAISON, de cultiver la propriété essentielle à l'homme, la propriété qui le constitue HOMME et CITOYEN; la la propriété qui elle seule le rend capable de respecter et de faire respecter toutes les propriétés.

L'homme qui ne possède que les propriétés inhérentes à son organisation, si sa raison est cultivée, et si celle de ses concitoyens l'est aussi, se sent infiniment intéressé à conserver la jouissance de ses propriétés; de plus, il sait que s'il désobéissoit à la loi, il n'auroit pas, ainsi que l'homme riche, à se flatter de se soustraire à la punition prononcée par la loi : il offre donc à la société une responsabilité complète.

Oui, l'homme qui ne possède pour toute propriété que les facultés sensitives, intellectuelles et mécaniques, s'il jouit de la pleine

C

raison, sera nécessairement avide d'une protection capable de faire imperturbablement respecter cette propriété si précieuse et si énergique; mais qui ne trouve sa garantie que dans le despotisme des lois absolument conformes aux principes du systême social.

La pleine raison et l'intérêt personnel constituent donc un tel homme CITOYEN; ils le déterminent à respecter et à faire respecter toutes les propriétés; pour cela même à respecter un gouvernement qui protége les propriétés inhérentes à l'organisation de l'homme.

Les richesses avec des préjugés, loin d'offrir à la société une responsabilité suffisante, sont un moyen de résister aux lois divines et humaines. Aussi les hommes riches, dans leur presque totalité, sont-ils mal avisés et impies (*); ils conspirent contre le genre humain, et conséquemment contre leur propre intérêt.

Aujourd'hui, c'est à la clarté du jour que la philosophie dénonce le systême presbytéral. Le systême presbytéral corrompt, avilit, égare

______

(*) Cet écrit date de l'an 3. Depuis, les hommes opulens ont senti, qu'en ce qui concerne la politique transcendante, ils étoient égarés.

les gouvernans ainsi que les gouvernés, les riches ainsi que les pauvres, et ne peut procurer aux *propriétés* qu'une protection dérivant de l'imposture, de l'injustice et de la férocité, qu'une protection précaire et périlleuse.

Une énergie à jamais incoërcible, et qui se subordonnera tous les autres pouvoirs, l'esprit public, l'intérêt, le salut de tous les Français, commande donc aux Français opulens l'étude de la morale, l'étude des facultés et des besoins de l'homme.

Les hommes riches, une fois guéris de leurs préjugés, concevront que le respect des *propriétés*, pour devenir inviolable, doit se fonder, non sur une révélation, mais sur l'évidence; non sur le mensonge, mais sur la vérité; non sur le presbytéralisme, mais sur la morale; non sur le prestige, mais sur la réalité; non sur une base factice et sacrilége, mais sur sa base naturelle, sur l'*intérêt de tous les hommes*; motif qui, une fois établi, sera indestructible.

Les hommes riches guéris de leurs préjugés, les hommes riches convaincus que la garantie des *propriétés* territoriales et mobiliaires se trouvera, s'universalisera et se perpétuera, par cela même que les *propriétés* inhérentes à l'organisation de l'homme seront respectées et cultivées, sentiront qu'ils doivent eux-mêmes commencer par n'avoir que des *intentions conformes à l'intérêt du genre humain;* qu'ils doivent eux-mêmes être les premiers à obéir au *pouvoir moral.*

Alors les hommes riches s'abstiendront d'être les complices des prêtres : loin de tuer encore la raison publique, ils coopéreront par l'exemple, à l'instruction de leurs concitoyens.

Alors l'imitation, d'accord avec le raisonnement, effectuera l'adhésion nationale, l'adhésion unanime à tous les principes du systême social, et une telle unanimité fera triompher les Français de tous leurs ennemis.

Notre révolution se terminera, non selon le vœu des puissances coalisées contre le genre humain, mais selon le vœu de la nature et de la philosophie; par l'ascendant majestueux et irrésistible qui, émané de l'évidence, se perpétue par l'action des principes du systême social, du systême absolument conforme à l'intérêt du genre humain.

SYSTÊME SOCIAL.

I. *L'HOMME a des facultés par lesquelles il peut pourvoir à tous ses besoins ; conséquemment les droits de l'homme ont une base.*

II. *L'homme ne peut pourvoir à tous ses besoins, qu'en faisant valoir ses facultés à son plus grand avantage ; conséquemment les devoirs de l'homme ont un motif.*

III. *L'homme qui sait bien entendre son intérêt, et qui jouit du droit de s'y conformer, possède la propriété la seule valable pour répondre à la société de son obéissance aux lois protectrices de toutes les propriétés.*

IV. *La souveraineté appartient à la faculté de posséder la masse entière de toutes les propriétés, et cette faculté n'existe que dans le peuple. En lui réside la puissance sans laquelle toute autre puissance s'affaisse et s'anéantit ; lui seul peut cultiver et conserver les propriétés territoriales, donner tout accroissement aux propriétés qui sont inhérentes à l'organisation humaine, et, de gé-*

nération en génération, transmettre l'ensemble des propriétés de tout genre dans leur plénitude ; lui seul peut donc acquérir un pouvoir assez énergique et assez durable pour assurer à l'exercice de la souveraineté un respect permanent.

V. Jusqu'à ce que le peuple ait appris à conformer son vœu matériel à son vœu intentionnel, ses législateurs et ses gouvernans doivent n'obéir qu'à son vœu intentionnel, vœu qui n'est autre que le desir de ne pas se méprendre sur les moyens d'assurer son intérêt.

VI. Un gouvernement lui - même éclairé et bien intentionné, aura d'autant plus de force, que l'instruction du peuple sera plus avancée.

VII. Le gouvernement qui demeure au-dessous des progrès de l'esprit humain, devient caduc.

VIII. Chez une nation qui a mis en valeur les propriétés facultatives, les propriétés inhérentes à l'organisation de l'homme, et qui est assez puissante, soit par elle-même, soit par ses alliées, pour n'avoir aucune invasion à souffrir, les propriétés matérielles sont à jamais inviolables.

Le respect des propriétés exige que les nations et les gouvernemens acquièrent une connoissance exacte du systême social.

Ce 30 fructidor an 5.

L'HOMME *qui sait bien entendre son intérêt, et qui jouit du droit de s'y conformer, possède la propriété la seule valable pour répondre à la société de son obéissance aux lois protectrices de toutes les propriétés.*

Ce PRINCIPE a été méconnu jusqu'aujourd'hui ; aussi la morale ne sembloit-elle être qu'une science occulte et vaine ; aussi le *systême social* ne pouvoit-il se trouver ; aussi les auteurs des traités de *droit public* sontils, du plus au moins, contradictoires à euxmêmes, obscurs, inintelligibles ; aussi la *science de gouverner* est-elle corrompue par les opinions ; aussi les *gouvernans* n'ont-ils point su se garantir des plus funestes erreurs.

Mais grace à cet art qui, de nos jours, étend à l'infini la communication des idées, L'ESPRIT PUBLIC n'est plus comprimé sur une vaste portion du globe.

4

L'esprit public, libre dans son essor, s'universalise ; il établira donc tous les peuples dans le droit de cultiver et de faire valoir pleinement leur propriété la plus importante, la raison.

Il démontrera que, quant au fond et quant à l'objet, c'est-à-dire quant aux résultats pour les nations, il n'y a que deux modes de gouverner ; *celui qui s'appuie sur le mensonge, et celui qui s'appuie sur la vérité.*

Il démontrera que le genre humain doit exiger et obtenir la réformation des gouvernemens qui s'appuient de l'imposture ; car les gouvernemens qui s'appuient du prestige sont antagonistes du pouvoir moral, antagonistes de l'unité des principes et de l'unité d'intérêt ; conséquemment ils occasionnent presque tous les malheurs qui affligent le genre humain.

Il démontrera que les gouvernemens qui, pour perpétuer l'ignorance du peuple, allégueroient que son ignorance est invincible, doivent s'écrouler ; car leur garantie n'étant fondée que sur l'abjection du genre humain, cette garantie approche de la caducité à mesure que le genre humain arrive à la connoissance de l'intention de Dieu ; conséquemment à celle de ses pouvoirs et de ses intérêts.

Il démontrera à chaque nation qu'elle a le

droit de se donner une garantie de la capacité et de la fidélité de ses gouvernans; car ils ne doivent exister que par sa puissance et pour ses intérêts.

Il démontrera qu'une telle garantie se réalise en nationalisant la communication des principes du systême social; se réalise en nationalisant la science qui donne à l'homme le sentiment de ses facultés et de ses devoirs; en nationalisant la science de l'intérêt bien entendu, la MORALE elle-même.

Quoique la MORALE soit de toutes les sciences la plus importante, puisqu'elle est *la science de perfectionner les facultés de l'homme, la science d'améliorer sa destinée, la science d'établir le respect des propriétés sur une base évidente et immuable;* cependant elle ne seroit jamais qu'une science stérile, si elle demeuroit confondue avec les opinions presbytérales.

Tout mélange des opinions avec une science, quelle qu'elle soit, rend l'étude de cette science plus difficile, et sa pratique fautive : tout mélange d'opinions avec la MORALE ne pouvoit donc que la contrarier, et celui des opinions presbytérales devoit la paralyser.

En effet, comment voir contraster par-tout les exemples avec les conseils sans se douter de la fourberie? comment jurer obéissance à des commandemens minutieux, révoltans, impraticables, et ne point les transgresser? comment passer sa vie à heurter la saine raison, sans se flétrir l'esprit et le cœur? Aussi les opinions presbytérales font-elles des hypocrites, des imbécilles, des frénétiques : loin d'empêcher le crime, elles le nécessitent, et toujours elles rendent le criminel plus aveugle, plus furieux, plus atroce.

Cependant les aristocrates soutiennent qu'il faut un culte presbytéral dans un état; ils disent : *Nul état ne s'est passé d'un tel culte;* ils disent : *Sans prêtres point de morale parmi le peuple;* et à propos de *morale*, ces si honnêtes gens concluent que le genre humain doit se méprendre sur son intérêt; que conséquemment il doit être empêché de jouir de sa faculté, de sa propriété la plus précieuse, la PLEINE RAISON.

Les partisans *de la doctrine double* exigent donc du peuple, sous peine de l'enfer, le *sacrifice de la raison;* ils exigent que le peuple n'ait ni l'occasion, ni le tems d'écouter DIEU, la nature, le bon sens; mais qu'il aille au *catéchisme*, aille à *confesse*, bâille au *sermon*, brâille aux *vépres*.

D'après ce plan d'éducation, la jeunesse

apprend que l'origine de ce qu'on appelle la *religion*, tient à un serpent; serpent qui argumenta de sorte à persuader *Eve* : elle tenta donc *Adam*, et le premier homme fut bientôt d'accord avec la première femme; voilà pourquoi l'*Éternel* se mit en courroux; voilà pourquoi nos grands parens furent chassés du paradis terrestre; voilà pourquoi le serpent fut condamné à ramper (*), lui et les serpens à venir.

Cependant l'*Éternel* fit alliance avec un *Abraham*, dont l'épouse étoit si jolie, qu'à CAUSE D'ELLE (**), cet *Abraham* reçut d'un roi d'Égypte des bœufs et des moutons, des ânesses et des ânes (***); de-là les prophètes, le tabernacle, la circoncision, le baptême, le verbe incarné, la Sorbonne, les Petites-Maisons et la bulle *unigenitus*.

Mais le soleil s'arrêta, un fleuve remonta

(*). *Suprà pectus tuum gradieris.* Lib. Genesis, cap. III, vers. 14.

(**) *Ut mihi benè sit propter te.* Lib. Genesis, cap. XII, vers. 13.

(***) *ABRAM verò benè usi sunt propter illam. Fueruntque ei oves, et boves, et asini : et servi et famulæ, et asinæ et cameli.* Lib. Genesis, cap. XII, vers. 16.

vers sa source, quelques montagnes sautèrent comme des béliers, les diables entrèrent dans le corps des gens, les anges descendirent sur terre pour faire d'autres sottises; une femme se sauvant du feu, fut métamorphosée en statue de sel; son mari s'enivra avec ses filles. L'*Ecriture* dite *sainte*, mais qui, presqu'en son entier, est ou atroce, ou extravagante, ou ordurière, raconte la fin de l'aventure.

Les Chrétiens héritèrent du fond de la synagogue : ce ne fut pas assez pour eux que la part qui leur revint de la *mâchoire d'âne de Samson* et du *déjeûner d'Ézéchiel;* notre sainte Église ajouta au contre-poison du péché orginel le *fruit du ventre d'une vierge,* nommé *Dieu le fils,* de plus *Dieu le saint esprit,* de plus *Dieu le père :* pourtant ces *trois Dieux* ne font qu'*un Dieu,* qui se met dans le pain à chanter, puis on le mange.

. N'importe ! *il faut des prêtres ;* car selon les aristocrates, le peuple, ayant à être misérable pendant la vie, doit être contenu par l'expectative de châtimens ou de récompenses à échoir après la mort.

Il faut des prêtres ! — Les prêtres sont les ministres de l'idolâtrie, du prestige, d'un culte absurde par sa croyance et abominable par ses résultats; en un mot, les prêtres sont la première cause de la démence du genre humain.

Quant à l'idée, soit de la récompense de la vertu, soit du châtiment des forfaits, elle n'a nul besoin des prêtres, même elle sera funeste par-tout où elle sera présentée avec l'accompagnement des mystères, des articles de foi, des sottises, des impiétés que les prêtres enseignent.

Prêtres! répondez : N'est-ce pas à cause d'une *opinion* dite *religieuse* que *Caïn* tua son frère *Abel?*

C'étoit précisément dans les tems où *Moïse,* ainsi que d'autres imposteurs, se qualifiant d'*envoyés ou vicaires de* Dieu, dominoient le plus impérieusement, que Dieu, la vérité, la justice ont été le plus méconnus; que les propriétés ont été le plus impudemment envahies; que les personnes n'ont pu échapper à l'outrage et au massacre.

Sous le prétexte, et à cause des *opinions* dites *religieuses,* le genre humain a essuyé des calamités épouvantables : la révolution Française ne s'est compliquée des plus terribles événemens que sous le prétexte et à cause des *opinions* dites *religieuses.*

Une nation presbytéralisée est essentiellement disposée soit à souffrir, soit à commettre tous les excès, tous les attentats; elle est une agrégation de fanatiques, de pleûtres et d'hypocrites; les gouvernans et les gouvernés, tous ensemble, sont de la populace; ils sont infâmes et dangereux.

Si quelques hommes ont acquis le sentiment le plus exquis de la vertu; s'ils ont renoncé plutôt à la vie qu'à la cause qui la leur faisoit aimer (LA CONFORMITÉ DE LEURS PENSÉES ET DE LEURS ACTIONS AVEC LA PLEINE RAISON), les exemples qui attestent que la nature humaine a participé à cet enthousiasme divin, sont rares : au contraire, un grand nombre de faits, et particulièrement ceux dont il nous a fallu être les témoins, nous ont appris que des hommes d'un mérite distingué ont cédé à des circonstances qui leur étoient odieuses, et que, jusqu'à présent, le genre humain, dans sa presque totalité, a été le jouet des *causes politiques*, le jouet des circonstances.

Heureusement enfin, le progrès des lumières en Europe, et le caractère actuel des événemens, annoncent l'action de l'ESPRIT PUBLIC, l'action du POUVOIR MORAL, l'action du POUVOIR le seul capable d'écarter les occasions par lesquelles les hommes sont poussés à se nuire mutuellement; car lui seul emploie en même tems la perfectibilité du genre humain comme moyen, et son intérêt comme motif.

Ce POUVOIR guérira le genre humain de son ignorance ; conséquemment il lui inspirera l'intention de chercher, d'établir et d'observer les lois absolument conformes à ses facultés et à ses besoins, conformes à son essence, conformes à tous ses intérêts.

Le peuple Français est celui qui, le premier, connoîtra son véritable intérêt, et s'y conformera.

La monarchie dite *très-Chrétienne*, avoit besoin qu'une partie des Français fût perverse, et que la presque totalité fût abrutie ; la monarchie dite *très-Chrétienne* s'est écroulée.

Et L'ESPRIT PUBLIC a proclamé en France le mode de gouverner, qui est incompatible avec l'ignorance, qui conséquemment atténue et écarte le presbytéralisme ; les Français ont éprouvé tous les malheurs que l'opposition aux principes du systême social a pu occasionner ; mais les Français sont invincibles : toutes les causes capables de nationaliser le perfectionnement des facultés humaines co-existent donc en France. Concluons que plutôt ou plus tard, mais immanquablement, chaque

(48)

Français acquerra les qualités et le caractère de CITOYEN, les qualités et le caractère en vertu desquels *l'homme respecte et fait respecter les propriétés de tout genre.*

Oui; la France étant invincible, les manœuvres même et les accidens qui croisent son gouvernement, gouvernement institué pour mettre la perfectibilité humaine en valeur, appellent la sagesse qui fait succéder l'unité des principes, et par eux, l'unité d'intérêt et d'action, L'ESPRIT PUBLIC lui-même, aux entreprises des brigands; la sagesse qui inspire aux hommes opulens, ainsi qu'à tous les citoyens, le respect pour les principes du systême social et pour les lois qui en émanent; la sagesse qui appuie l'éducation non sur des chimères, mais sur les faits les mieux observés; la sagesse qui dispense les gouvernans du besoin des abus, qui, en même tems, les invite et les détermine à s'en préserver eux-mêmes : car L'ESPRIT PUBLIC ANIMANT LA NATION ENTIÈRE, ne supporte point le scandale de l'impunité des prévaricateurs.

Le tems approche, où ce ne sera plus sans avoir l'intention de servir fidèlement la nation, que les hommes appelés aux places éminentes lui promettront leur sollicitude : mais convaincus de la toute importance de ne point manquer

manquer de respect à l'esprit public, ils rempliront tous leurs devoirs; et un de leurs devoirs les plus essentiels, c'est de ramener sans cesse le peuple à la connoissance de son intérêt, jusqu'à ce qu'une instruction suffisante, le préservant de l'erreur, le rende pour toujours capable de conformer lui-même son vœu matériel à son vœu intentionnel.

C'est ainsi que les instituteurs vertueux et habiles suivent le vœu implicite de leurs élèves, en établissant et en maintenant les réglemens et la discipline propres à favoriser le développement le plus avantageux aux enfans et aux jeunes gens, tant à l'égard de leurs organes, qu'à celui des facultés qui en dérivent.

Vous objectez que *sous le prétexte de se conformer au vœu intentionnel du peuple, ses législateurs et ses gouvernans se mettent en possession de méconnoître sa volonté, sa souveraineté.*

Le peuple apprécie bientôt les soins dictés et employés par la sagesse. L'instinct même, pourvu qu'il ne soit pas dégradé par le presbytéralisme, avertit le peuple avec promptitude et avec fidélité de ce qui convient à son bien-être, à son véritable intérêt.

Et il est un signe qui indique évidemment la

D

mesure de la sagacité, ainsi que le caractère de l'intention des législateurs et des gouvernans.

Si les premiers magistrats contrarient la communication de L'ESPRIT PUBLIC; si leurs actes ne tendent pas ouvertement à affranchir la nation de ses préjugés, ainsi que des habitudes qui en dépendent; si en même tems le brigandage demeure impuni, nous pouvons, nous devons les accuser de négligence, même de perfidie : mais si avec assiduité, avec zèle, avec succès, ils s'occupent à substituer, en ce qui concerne le systême social, l'évidence aux opinions; si en même tems les lois atteignent les prevaricateurs et leurs complices, nous pouvons, nous devons assurer que nos premiers magistrats méritent bien du peuple Français et du genre humain.

Ce n'est point pour être rançonnée et vexée par de nouveaux usurpateurs, que la France a renversé le trône d'un monarque inepte et parjure, supprimé les corporations presbytéraies et féodales; la France veut aussi se faire justice de ces gens qui n'ont affecté de servir la République que pour la dévorer.

Oui, la justification du motif et des comptes concernant les revenus et les dépenses de l'état, acquerra la lucidité qu'exige L'ESPRIT PUBLIC, qu'exige l'intérêt d'une nation qui est libre et clairvoyante.

Français! c'est en écoutant, en cultivant la raison, qu'une nation parvient à ne plus s'en laisser imposer, à s'affranchir de l'arbitraire, à jouir pleinement de sa dignité et de tous ses droits.

En écoutant, en cultivant la raison, l'homme sent et conçoit que, pour se conformer à son véritable intérêt, il a besoin que tous ses concitoyens puissent aussi se conformer à leur intérêt; que conséquemment ils soient libres de toute superstition anti-sociale.

Certes, Dieu, la raison, l'intérêt de chaque individu, exigent que les principes qui doivent le régir soient évidens et nationalement reconnus comme tels; car ce n'est qu'avec la communauté évidente et nationale des principes, ce n'est qu'en fondant le respect des propriétés sur sa base naturelle, sur son vrai motif, motif dont la réalité peut se démontrer à tous les esprits, que l'unité de l'intérêt politique, le bon ordre, la prospérité nationale et individuelle s'établissent et se conservent.

Français! la même énergie, le même pouvoir, L'ESPRIT PUBLIC, qui a proclamé en

(52)

France *les droits de l'homme*, veut que de
tous les peuples nous soyons le premier à
nous former des idées exactes sur les facultés
qui dérivent de l'organisation de l'homme,
ainsi que sur les causes qui en favorisent ou
qui en contrarient le bon usage.

Nous nous persuaderons de plus en plus,
nous nous convaincrons que le presbytéralisme offense, violente, rabougrit le genre
humain.

Le presbytéralisme, viciant les lois de l'organisation humaine, séparant l'homme de sa
raison, intervertissant sa conscience et même
son instinct, intercepte le pouvoir moral et le
bonheur à leur source.

Français ! c'est à nous à écarter pour jamais le presbytéralisme (*) ; car c'est à nous
à modifier l'influence des objets externes, l'influence des *causes politiques*, selon l'intérêt
du genre humain ; c'est à nous à créer le bonheur et à le communiquer.

Que notre exemple apprenne à tous les
peuples, que, pour trouver le bonheur, ils
doivent recevoir cette instruction naturelle et
divine qui, donnant de la justesse à l'esprit de

____

(*) Bien entendu par les moyens philosophiques, par
l'ascendant de la bonne logique et du bon exemple.

tous les individus d'une nation, donne nécessairement de l'élévation à leurs sentimens.

Une entreprise si transcendante, si magnanime, sera suivie de tout succès chez la nation Française, nation invincible, et qui possède un grand nombre d'hommes décidés à assurer le triomphe aux principes du systême social.

Honneur et gloire à la philosophie! Ce n'est pas en vain qu'elle a trouvé le titre des droits du genre humain, et que, de siècle en siècle, elle a conservé ce dépôt sacré.

Nous arrivons à l'époque où l'évidence enlevera la force armée aux opinions, conséquemment aux gouvernans qui ne s'appuient que sur les opinions, et qui, eux-mêmes soumis aux opinions, ne peuvent agir que par elles.

Que les soldats de quelques despotes affrontent encore la mort, sans autre motif que de servir l'ambition d'un maître, l'humanité gémit; mais les victoires remportées par les armées Françaises sont autant de gages du salut des peuples.

Français! vous avez combattu pour affranchir votre patrie des pouvoirs illégitimes, des pouvoirs opposés à l'intérêt de la nation;

mais les trophées militaires ne vous suffisent pas.

Après avoir bravé tous les dangers, après
avoir donné les preuves du plus entier dévouement comme soldats, vous servirez votre
patrie en votre qualité de citoyens : et quels
avantages n'aurez-vous pas, quand, de retour
dans vos foyers, vous y transmettrez l'instruction vous mêmes ; quand vous enseignerez par
votre exemple *à ne point admettre comme
vrai, ce qui répugne la raison !*

En vertu de ce premier élément de l'instruction publique, les autres principes du systême social se présenteront comme spontané-
ment à tous les esprits.

Et l'intention des premiers magistrats s'ac-
cordant avec les intérêts de la nation, la nature, avide d'instruction, devient bientôt le
plus expéditif, le plus habile, le plus excel-
lent instituteur.

Alors s'établiront des sociétés politiques
dans l'intention de se conformer à l'objet
qu'elles doivent se proposer ; dans l'intention
d'apprendre à surveiller avec calme et avec
prudence les administrations générales et lo-
cales ; alors les habitans du même lieu se réu-
niront aux jours et à l'heure convenus pour
entendre des discours historiques, politiques

et moraux, se communiquer les nouvelles et prendre des déterminations sur leurs intérêts communs; alors les adolescens des deux sexes s'empresseront à recevoir une instruction qui présentera la MORALE avec la clarté, la pureté qui appartiennent à l'évidence et à la bonne-foi; et l'hommage rendu à la morale, à la vérité, conséquemment à DIEU, sera suivi d'exercices faits pour procurer de la récréation à l'esprit, et au corps un heureux développement de ses forces et de son agilité.

Alors chaque jour attestera que le POUVOIR qui favorise le plus l'inclination aux vertus privées, et qui en assure l'accomplissement, c'est l'instruction et l'édification publiques; c'est le bon exemple de nos magistrats, et la communication intégrale et solemnelle des principes du systême social.

Alors nul Français ne sera plus idolâtre ni hypocrite (*); la nation entière connoîtra le CULTE DIVIN et obtiendra les avantages inappréciables qu'il procure.

Et alors nous instituerons des fêtes vraiment nationales; car nous aurons appris que les

_____

(*) Ne pas renoncer aux prêtres, c'est idolâtrie, ou c'est hypocrisie. Voyez CULTE DIVIN, CULTES PRESBYTÉRAUX.

4

préparatifs aux FÊTES NATIONALES exigent que tous les abus se réforment.

Nous célébrerons la VÉRITÉ VICTORIEUSE — L'ACCORD DE LA RAISON ET DE LA FORCE — LES ARTS ET LES SCIENCES — L'AGRICULTURE ET LE COMMERCE.

Que de textes simples, brillans, sublimes, nos fêtes doivent indiquer aux orateurs, aux poètes, aux artistes!

Orateurs et poètes! faites le parallèle des effets de l'instruction et de ceux de l'ignorance; faites le parallèle de l'évidence et des opinions; le parallèle de toutes les vertus et de tous les vices : la France, l'Europe, l'univers vous entendront et vous applaudiront.

QUATRIÈME PARTIE

DU

COURS DE DROIT PUBLIC.

Résultats de l'instruction.

PREMIER MÉMOIRE.

Du 20 brumaire an 8.

C'EST l'homme lui-même que nous devons étudier, si nous voulons modifier, conformément à l'intérêt du genre humain, l'empire que les hommes exercent les uns sur les autres ; car cet empire n'est qu'un résultat de l'organisation de l'homme.

L'homme est doué de facultés sensitives, de facultés mécaniques et de facultés intellectuelles.

Les facultés sensitives existent dès l'instant que la vie commence, et aussi-tôt elles produisent l'*instinct;* les facultés mécaniques surviennent ; le développement des unes et des autres s'avance ; le goût, le tact, la vue, l'ouïe, l'odorat, se régularisent et s'exercent avec plus d'aptitude à mesure que les organes acquièrent de la consistance et de l'énergie.

Les facultés intellectuelles arrivent les dernières. Les organes dont elles dépendent, sont les plus tardifs à remplir leurs fonctions ; mais l'entendement seroit sans objet, il ne seroit qu'une vaine hypothèse, sans l'usage préalable de nos sens.

Ces conditions nous sont communes avec plusieurs autres êtres animés : mais l'influence des objets externes et les sensations sont plus diversifiées, plus fréquentes et plus funestes chez l'homme ; aussi notre conformation, notre essence qui nous autorise à sentir notre supériorité, ne servent qu'à rendre notre sort déplorable, si notre intelligence ne nous garantit des inquiétudes, des adversités, des tourmens qui nous menacent.

Sans doute nos premiers aïeux, et tous nos ancêtres, desiroient, ainsi que leurs descendans, d'être placés dans des circonstances favorables au bien-être, au bonheur, à leur véritable intérêt : mais nos premiers aïeux manquèrent de l'idée du besoin de se guérir de l'ignorance ; ils ne se rapprochèrent les uns des autres, que pour s'imposer le joug de pouvoirs grossiers, impies, féroces.

Des hommes astucieux acquirent de l'ascendant sur la multitude par l'imposture et la violence ; ce fut par l'imposture et par la violence qu'ils augmentèrent leur domination;

et voilà comment le presbytéralisme, source de toute autorité malfaisante, s'est établi et perpétué sur les deux hémisphères.

Le genre humain, se léguant de génération en génération, non-seulement son ignorance, mais aussi sa superstition et son hypocrisie, se propagea avec la contagion de la crédulité et du prestige.

C'est ainsi que l'*ignorance originelle* a perpétué l'*ignorance avec les mauvais exemples ;* et l'*imitation* ne pouvant s'exercer qu'au détriment des facultés sensitives et intellectuelles, il a fallu que le genre humain demeurât *sot et méchant.*

Aussi le genre humain a-t-il conçu le mépris de lui - même ; il s'est imaginé que sa turpitude, ses crimes et ses calamités ne dévoient avoir de terme qu'avec sa propre destruction.

S'il falloit prouver que ce qui a dû nécessairement arriver, est réellement arrivé, il suffiroit de renvoyer à la *Bible.*

La *Bible,* ainsi que les autres monumens historiques, atteste que, dès le premier âge, les peuples ont été conduits par des *jongleurs,* par des *fourbes,* par des *hypocrites ;* en un mot, par des *prêtres ;* que par la suite les *prêtres* furent obligés de partager le pouvoir avec des *guerriers brigands*.

L'histoire du genre humain n'est qu'un tableau chronologique des calamités que le genre humain a éprouvées, faute d'avoir pu mettre sa perfectibilité en valeur.

Cependant chaque siècle produisit des hommes qui sentirent la dignité de la nature humaine ; ils cultivèrent la raison, et ils s'affranchirent des vices de leurs contemporains ; mais l'*imprimerie* manquoit, et la théorie de la morale ne pouvoit se transmettre qu'aux hommes les plus remarquables par la promptitude de leur conception, ainsi que par l'élévation de leurs sentimens.

Ce ne fut que dans le quinzième siècle de l'*ère Chrétienne* (*), que l'imprimerie s'établit en Europe. Les prêtres s'emparèrent de cet art dès son berceau, et le contraignirent à faire circuler des *coïonneries* (**) propres à nourrir la superstition.

Mais enfin l'art typographique dut servir à

(*) Pour nous servir du style des pères de l'Eglise, *à dater des couches de Vierge : à partu Viginis.*

(**) *Il nous a dit cent* coïonneries ; Dictionnaire de l'Académie française.

sa destination, à la promulgation des idées morales : c'est ainsi que s'est formée la magnanime conspiration contre les oppresseurs du genre humain ; contre ses ennemis les plus redoutables, l'*ignorance et les sophismes.*

Quelques potentats surent tirer avantage de ce mécanisme simple et puissant par lequel la même idée peut instantanément se communiquer à des millions d'hommes ; ils prouvèrent par le fait que les rois pouvoient se soustrarie à la rapacité et à l'insolence des *papes.*

Mais les dogmes de l'*Eglise Catholique, Apostolique et Romaine,* fournirent trop long - tems encore l'occasion d'ensanglanter l'Europe.

Ce fut sous leurs auspices que FRANÇOIS PREMIER fomenta des troubles en Allemagne ; il y favorisa les Huguenots ; en France, il les fit massacrer.

Ce fut sous leurs auspices que CHARLES IX fit la *Saint-Barthélemi ;* et sous leurs auspices la guerre civile continua jusqu'à ce qu'HENRI IV promît d'aller à la *messe.*

Ce fut encore sous leurs auspices que LOUIS XIV fit les plus lourdes bévues.

Enfin les esprits s'éclairèrent.

Du tems de la régence, et pendant le règne de Louis XV, les opinions et les pratiques presbytérales, y comprises celles dites la *religion dominante*, ne furent plus considérées que comme des inventions politiques, que comme des mesures d'état, et finalement ladite *religion dominante*, et les *mesures d'état elles-mêmes* provoquèrent aux railleries.

Le jour commença à luire sur la *science de gouverner*, sur la *science* de faire valoir toutes les facultés de l'homme afin de pourvoir à tous ses besoins.

Les querelles de sectes ne pouvoient pas se renouveler; elles étoient devenues ridicules : aussi du tems de Louis XVI, les ambitieux ne purent prendre l'essor en affichant le prétexte, soit de soutenir, soit de renverser telle ou telle croyance, tel ou tel culte.

Voilà pourquoi le *Cabinet de Londres,* qui méditoit le bouleversement de la France, convint avec ses complices de mettre en avant un prétexte qui offrît la perspective d'une amelioration dans l'état social.

Certes, ce n'étoit qu'à l'aide d'un tel prétexte que le peuple Français pouvoit recevoir une commotion qui le soulevât en masse; mais un tel prétexte forçoit les ambitieux, qui osoient le manier, à se trahir eux-mêmes. Leur intention réelle les ayant bientôt obligés à agir dans le sens directement contraire à l'intention qu'ils affichoient, ils furent aussi bientôt écartés. Des hypocrites nouveaux succédèrent d'autant plus facilement aux hypocrites démasqués, que les parlemens, les deux premiers ordres, Louis XVI et sa famille, accoutumés à une politique étroite, mesquine, perfide; en un mot, à un égoïsme infect, n'écoutèrent que leurs misérables passions. Insensés et aveugles! jamais ils n'apprécièrent les circonstances dans lesquelles ils se trouvoient; ils continuèrent à se contrarier par de sottes prétentions; par cela même, ils secondèrent à l'envi les desseins de PITT, et ils attirèrent sur la France et sur eux-mêmes, les fléaux les plus horribles.

Des traîtres, des brigands, des ignares s'introduisirent dans l'assemblée constituante, dans la convention, dans le directoire et dans les législatures.

La nation au dépourvu d'une théorie et d'une expérience suffisantes, la nation alternativement convulsionnée et replongée dans l'inertie, dut demeurer dans le labyrinthe des sophismes. Les dilapidations se multiplièrent à l'infini, et les lois de circonstances pullulèrent comme l'ivraie.

Les bonnes lois, les lois conformes à l'intérêt de la nation, ne se trouvèrent pas, ou elles rencontrèrent la plus extrême opposition, et même plusieurs législateurs devinrent, ainsi que les gouvernans, stupides et insolens au point de ne plus dissimuler leur mépris pour la nation, et la nation leur rendit le mépris avec la haine.

Des potentats coalisés contre la France et contre la communication des principes fondamentaux du systême social, répandent aujourd'hui encore (*), sur une partie de l'Europe, des calamités aussi grandes que le furent celles occasionnées, du tems de nos ancêtres, par les guerres dites de *religion*.

Mais les résultats seront différens.

Les guerres dites de *religion*, ayant des *opinions* ou pour motif, ou pour prétexte, les fléaux qu'elles avoient attirés sur les peuples, frappèrent tout le genre humain, sans lui procurer aucun moyen de s'y soustraire à l'avenir.

____

(*) Ce mémoire a été commencé le 20 brumaire an 8.

La

La guerre actuelle, la guerre contre les principes du système social, n'est point une lutte
entre les opinions; c'est le combat de l'*évidence* contre les *opinions;* et l'indignation
du genre humain contre les scélérats hypocrites augmente avec son instruction. L'es-
PRIT PUBLIC, l'esprit qui émane de la connoissance de la vérité, qui la propage, qui
conséquemment invite et détermine les nations à se conformer à leur intérêt, mettra à
une telle guerre une fin qui empêchera de la
recommencer.

Oui, les prétextes de l'usurpation s'anéan-
tissent : une énergie incoërcible établit et elle
universalisera le systême, le seul conforme aux
intérêts du genre humain.

Pour ne point nous méprendre sur les événemens qui doivent se succéder jusqu'à ce que
la nature ait accompli son vœu, nous avons
dû remonter à l'ignorance originelle, cause
première de toutes les sottises des gouvernans
et des gouvernés.

Certes, l'homme qui ne connoît point les
principes du systême social, les principes les
seuls capables de déterminer le genre humain
à se conformer à son intérêt, ne connoît point

E

l'intention de Dieu ; il ne connoît point le vœu de la nature ; il ne connoît ni les prérogatives qui appartiennent au genre humain, ni ses droits personnels. Cet homme se déprave nécessairement ; il est susceptible de toutes les illusions ; il est toujours prêt à être ou fanatisé ou terrorifié ; et selon les circonstances qui l'environnent, ainsi que selon le genre des vices vers lesquels sa constitution individuelle l'incline, il devient un poltron, un fripon, un enragé, un scélérat ; en un mot, un ennemi de soi-même et de la société.

Pourquoi le système de vérité ne succède-t-il point paisiblement au système de mensonge? pourquoi tant de fracas et d'horreur quand il s'agit de réformer des abus? pourquoi des empereurs et des rois luttent-ils contre les principes du système social? Ils ne peuvent comprendre que le *mode de gouverner qui s'appuie de l'ignorance et de l'imposture, est à-la-fois ennemi du plus fort et du foible.* Le stupide orgueil les force à faire abstraction des résultats de l'art typographique et des progrès de la civilisation (*).

Ne cessons point de le dire : ce *mode de*

____

(*) Je prie le lecteur de se souvenir que ce mémoire a été commencé le 20 brumaire an 8.

gouverner qui s'appuie du mensonge vicie les lois de la nature de l'homme ; il conduit à des actions qui blessent, qui tuent la raison, qui conséquemment tuent le bonheur.

Oui, ce *mode de gouverner* ayant besoin que le genre humain ignore ce qu'il peut et ce qu'il doit faire, n'est pas moins extravagant, qu'il n'est atroce ; antagoniste, par son essence, de tous les intérêts des gouvernés, il condamne les gouvernans aux perplexités, aux mortifications, aux tourmens inséparables, soit de l'ignorance, soit de l'hypocrisie et des bassesses que l'ignorance et l'hypocrisie nécessitent.

Vous qui vous croyez de la piété, et qui cependant prétendez à des intérêts incompatibles avec l'intérêt du genre humain, qui conséquemment voulez que le genre humain continue à se classer en dupes et en fripons, vous vous en imposez à vous-mêmes. Vous aimez mieux accuser Dieu de toutes les absurdités, de toutes les scélératesses, de toutes les calamités du genre humain, que de convenir qu'elles proviennent du presbytéralisme, première cause et seul soutien du *mode de gouverner qui s'appuie sur l'ignorance et sur l'imposture.*

Mais en dépit de la sottise et de l'hypocrisie,

l'empire du presbytéralisme n'est pas inamovible : il n'est qu'occasionnel ; il s'est atténué, et nécessairement il disparoîtra de l'univers avec les causes qui l'y ont introduit.

Le genre humain apprend à faire usage de la raison ; conséquemment il apprend que le BONHEUR ne peut exister dans un monde gouverné par des autorités qui s'appuient de l'imposture, par des autorités essentiellement ennemies du POUVOIR MORAL.

Aujourd'hui en France, l'action des gouvernans sur les gouvernés, et l'action des gouvernés sur les gouvernans, sont elles-mêmes un *cours expérimental du* DROIT DES GENS. Ce cours, le premier par sa nouveauté, par sa conformité à son objet, par l'évidence et par l'importance du motif, fixe l'attention du genre humain. Ce cours ne peut se terminer avant que les gouvernés et les gouvernans n'aient réformé leurs habitudes vicieuses ; habitudes qui toutes dépendent de l'influence presbytérale, de l'habitude de *fuir l'évidence* et de *se confier aux opinions.*

Le caractère actuel des événemens certifie l'existence de DIEU. Il annonce l'action de l'ESPRIT PUBLIC ; de l'ESPRIT qui émane de la connoissance exacte de l'intérêt du genre humain et de la certitude de pouvoir s'y conformer; de l'ESPRIT qui emploie la perfectibilité de l'homme comme moyen, et son intérêt comme motif.

Cette puissance d'instruction et d'intention assure le triomphe à la RAISON et à la LIBERTÉ.

Usons pleinement de la RAISON et de la LIBERTÉ.

N'accordons notre assentiment qu'à des principes immuables, résultats immédiats de la nature elle-même; nous déterminerons les hommes en masse à reconnoître leur intérêt et à s'y conformer; par-là même, nous déterminerons les gouvernans à acquérir l'instruction, la sagesse, la confiance et l'autorité dont ils ont besoin pour remplir tous leurs devoirs.

Prouvons, et par le raisonnement et par le fait, que le POUVOIR MORAL, que conséquemment le BONHEUR, n'est pas une chimère; prouvons, et par le raisonnement et par le fait, que les bons principes sont suivis de bons résultats, par-tout où il y a des hommes capables d'écarter à jamais tous les obstacles qui empêchent les bons principes de prévaloir, de s'établir complètement.

Les partisans de l'*ancien mode de gouverner*

conviennent que ce n'est point à l'insuffisance des facultés intellectuelles, que ce n'est qu'au défaut de leur culture, ou à une direction incohérente, que doivent se rapporter les mauvaises mœurs des gouvernés, ainsi que les erreurs et les crimes des personnages qui gouvernent : mais, selon les partisans de l'*ancien mode de gouverner,* la dépravation des peuples civilisés est à ce degré où elle est incurable. Les gouvernés, loin d'arriver à l'idée d'un intérêt commun, n'auront que des intérêts qui, par le fait, deviendront de plus en plus inconciliables ; car les gouvernés sentiront de plus en plus le besoin d'être fripons, pour s'indemniser de la perte qu'ils ont à supporter en qualité de dupes. Quant aux personnages qui gouvernent et à leurs entours, ils ne manquent pas d'égoïsme, et ils sont en possession de lui sacrifier les intérêts de l'humanité.

Les aristocrates déclarent donc que le genre humain demeurera muselé, stupide et dépravé ; car, disent-ils, jamais il n'y aura des gouvernans qui s'aviseront d'instruire le peuple sur son intérêt, sur ses droits et sur sa toute-puissance. Quant à cette classe d'individus qui, ainsi que les gouvernans, sentent l'importance de séparer leur cause de celle du peuple,

n'a-t-elle pas besoin que les abus soient éternels? Concluez donc, disent les aristocrates,
que nous tous qui nous appelons nous-mêmes
les *honnêtes gens*, nous devons, ainsi que les
gouvernans, sous peine de cesser d'être fripons, nous opposer à la communication des
connoissances, en ce qui concerne le systême
social; et d'ailleurs, le peuple est si crapuleux, qu'il ne veut point recevoir d'instruction.

Sans doute les partisans de l'*ancien mode
de gouverner* doivent, par cela même qu'ils
sont partisans de l'*ancien mode de gouverner*,
s'opposer à la communication des principes
du systême social : mais la république Française peut se passer des partisans de l'*ancien
mode de gouverner*; car la révolution Française n'a d'autre objet que celui de réformer
les abus.

Et nous savons que VOULOIR INSTRUIRE LE
PEUPLE SUR SON INTÉRÊT, seroit une vaine entreprise, si l'imprimerie n'étoit pas inventée;
si la philosophie n'avoit pas démasqué le presbytéralisme aux yeux des hommes en masse;
si en même tems elle ne présentoit le systême
social sans lacune; si elle ne démontroit que
les richesses avec des préjugés, loin d'offrir
une responsabilité suffisante, occasionnent

4

que même elles nécessitent la résistance aux
lois divines et humaines ; mais que l'homme
qui ne possède que les propriétés inhérentes
à son organisation, si sa raison est cultivée,
et si celle de ses concitoyens l'est aussi, possède la propriété la seule valable pour répondre de son obéissance aux lois protectrices
de toutes les propriétés.

Aujourd'hui l'imprimerie est au commandement de la philosophie ; aujourd'hui l'Europe n'ignore plus que le presbytéralisme est
l'appui de tous les prestiges et de tous les sophismes qui occasionnent le malheur et des
gouvernés et des gouvernans ; aujourd'hui l'intégralité et l'évidence du système social agis-
sent à-la-fois sur l'esprit et sur le cœur de
plusieurs millions d'hommes ; aujourd'hui les
Français peuvent et doivent fixer l'époque du
salut du genre humain, l'époque de l'accord
indissoluble de la raison publique et de la
force publique.

L'homme qui gouverne en France, de par
quelle autorité est-il premier consul ? et pourquoi y a-t-il un premier consul ?

Bonaparte est premier consul, parce que
la souveraineté du peuple Français est recon-
nue ; et il y a un premier consul, afin qu'il

gouverne conformément à la volonté du souverain, à la volonté du peuple Français.

Quelle est la volonté du peuple Français?

Le peuple Français et tous les peuples ont la même volonté; celle de se conformer à leur intérêt.

L'intérêt d'un peuple, en quoi consiste t-il?

A faire valoir son territoire et toutes ses facultés à son avantage, et à payer le moins possible d'impôts.

Quels sont les moyens à employer pour réduire les impôts à ce point auquel ils cessent d'être onéreux et odieux, et pour, en même tems, donner à chaque associé au pacte social la certitude de jouir de ses talens et de son travail?

C'est de procurer au peuple lui-même la connoissance de ses intérêts, avec celle du moyen de se les assurer.

Ce moyen, c'est la communication des principes du systême social. Telle est leur évidence, qu'en les présentant avec netteté, et dans leur intégralité, nécessairement ils conduisent tous les esprits à l'unité de l'intérêt politique; pour cela même, ils substitueront au mode de gouverner infâme et atroce, au mode de gouverner qui s'appuie sur le mensonge, le mode de gouverner qui s'appuie sur la vérité, le mode de gouverner conforme aux intérêts de toutes les nations.

Alors nécessairement, l'instruction nationale se réalisera elle-même. Par sa propre action, elle se communiquera à chaque associé au pacte social, conséquemment à toutes les générations à venir. Les riches, les pauvres, les gouvernans, les gouvernés, seront pour toujours convaincus que les dilapidations ne sont que la conséquence de l'*ânerie d'une* nation; mais qu'une nation qui cultive, qui, de plus en plus, fait valoir sa propriété la plus importante, LA RAISON PUBLIQUE, maintient son indépendance; que par cela même elle parvient à établir ce bon ordre, cette économie, cet esprit de sagesse, par lesquels seuls l'état s'élève à une prospérité réelle et à jamais durable, et par lesquels seuls toutes les propriétés et tous les droits obtiennent l'inviolabilité.

Mais *l'absence de l'instruction nationale* décèle ou l'impuissance, ou la perfidie du gouvernement; *l'absence de l'instruction nationale* force les pauvres et les riches à mal entendre leur intérêt capital; *l'absence de l'instruction nationale* engage un peuple non dépourvu de tout instinct, à se méfier de ses premiers fonctionnaires; *l'absence de l'instruction nationale* empêche le peuple de trouver des hommes capables d'être ses mandataires, capables de le servir avec talens et fidélité; *l'absence de l'instruction nationale* favorise, elle excite même l'esprit de prévarication; elle fait croire que la répression du brigandage est impossible; ainsi même elle autorise l'impunité du brigandage; elle invite donc et détermine les fonctionnaires de l'état à ne considérer l'état que comme une mine que chaque fonctionnaire doit exploiter à son tour.

Concluons que c'est à l'*instruction nationale*, et à elle seule, qu'il est réservé de procurer aux propriétés territoriales et mobiliaires, ainsi qu'aux propriétés inhérentes à l'organisation de l'homme, une garantie réelle et permanente; une garantie qui puisse être évidemment et universellement motivée; une garantie qui se fonde sur l'intérêt du genre humain, une garantie que son essence même rende unanime.

Concluons que le peuple, qui le premier aura acquis une connoissance exacte du système social, forcera la politique à acquérir une telle profession, qu'entre la politique et la morale il s'établira une affinité intime, affinité que l'ESPRIT PUBLIC cimentera par l'accord de la raison et de la force.

Mais dans un *Cours de droit public*, il s'agit du genre humain dans sa totalité, et il y a des peuples qui sont encore dans un état sauvage; quelques-uns sont, ou peuvent tomber dans l'anarchie; d'autres sont gouvernés par des autorités plus ou moins conformes, même par des autorités étrangères à l'intention de DIEU, aux principes du systême social, à l'intérêt du genre humain.

Le gouvernement le plus propre à commencer et à avancer la civilisation, est celui où tous les pouvoirs systématiques émanent d'une même personne, c'est *l'autocratisme*.

Le gouvernement capable d'arracher une nation à l'anarchie, c'est l'exercice transitoire, mais le plus absolu du pouvoir souverain, c'est la *dictature*.

La dictature est aussi le moyen le plus expéditif pour établir les lois conformes aux facultés et aux besoins de l'homme.

Ces lois étant trouvées et promulguées, la dictature n'a plus d'objet. Le peuple, ainsi que son chef, jouit de la pleine raison; le peuple et son chef posséderont bientôt tous les avantages que procurent et la connoissance exacte de l'intérêt personnel, et la certitude de s'y conformer ; ils sont et ils demeureront à jamais constitués sous le despotisme des lois.

— Voilà qui est, dites-vous, clair et net sur le papier : mais où se trouve le *contre-poids* capable d'empêcher que le gouvernement ne blesse l'intérêt de la nation ?

— Dans la nation elle-même.

— Vous voulez donc que l'insurrection succède à l'insurrection ?

— Non.

— Que voulez-vous donc ?

— Ce que veut la destinée.

— Et la destinée que veut-elle ?

— La destinée veut que les gouvernans et les gouvernés contrarient eux - mêmes leurs intérêts, jusqu'à ce qu'ils aient acquis une connoissance exacte des principes du système social. La destinée veut que ce ne soit que par la présence et par l'action des principes du système social, que l'inviolabilité et des rois et des peuples puisse se réaliser.

Les gouvernemens à *contre-poids* ne sont que des inventions de l'ignorance ou de l'astuce.

Un *contre-poids systématique* existe, ou dans une seule corporation, ou il existe dans plusieurs corporations, et dans les deux cas il est pernicieux : car les membres de toute corporation reçoivent l'esprit de leur corporation, et l'intérêt public n'est jamais qu'un prétexte mis en avant pour arriver à ce que chaque individu croit être son intérêt personnel.

— Cependant en Angleterre, la *chambre haute* et *la chambre basse* balancent si heureusement le pouvoir royal ou ministériel, que l'Angleterre jouit de la plus brillante prospérité.

— L'apparence vous séduit. Par cela même que le *Cabinet de Londres* a conquis l'empire des mers, les Anglais sont aujourd'hui dans la dépendance la plus grossière et la plus vile.

Pour parvenir à la domination des mers et pour la conserver, il a fallu faire d'énormes dépenses, et le gouvernemant a emprunté d'énormes capitaux : mais les capitaux ont disparu, et le gouvernement se prévaut de ce qui sembloit devoir l'embarrasser; il menace la nation de la non possibilité de servir les intérêts de l'emprunt, s'il ne demeure pas le maître absolu de ses plans et de leurs moyens d'exécution.

Et quoique le gouvernement ne puisse se dispenser d'expédiens qui contraignent la nation à ne répugner à aucun genre de forfaits, la nation n'accède - t - elle pas aux vues du gouvernement?

C'est ainsi que dans un état où *l'esprit national* devient antagoniste de *l'esprit public*, la cupidité et l'orgueil imposent silence à la morale; et c'est ainsi qu'un gouvernement forcé à chercher des profits au détriment des droits des autres peuples, provoque les événemens les plus opposés à ses desseins.

Je vous le demande, monsieur, le *contre-poids* que la constitution Anglaise a placé dans le parlement, a-t-il empêché que le gouvernement ne dépensât les capitaux de ses prêteurs, pour n'arriver qu'à une domination qui ne peut subsister que par l'action continuelle du crime; qui conséquemment doit s'user elle-même? Et le parlement avec son opposition, empêchera-t-il que le gouvernement ne s'avance chaque jour vers l'insolvabilité?

Mais quand le *Cabinet de Londres* aura

pleinement subi la loi de la nécessité, quand sa politique l'aura renversée elle-même, l'Angleterre n'aura fait qu'échanger des richesses acquises par des moyens iniques et atroces, des richesses précaires et funestes, contre une prospérité à jamais durable : car l'Angleterre possède un grand nombre d'hommes capables de saisir l'occasion de faire adopter à leurs concitoyens les principes qui obligent le chef de la nation et ses ministres à gouverner conformément aux intérêts du peuple Anglais et aux intérêts de tous les peuples.

— *Gouverner conformément à l'intérêt d'un peuple et conformément à l'intérêt de tous les peuples,* citoyen, c'est la pierre philosophale.

— Monsieur, ce n'est que par une suite de l'ignorance originelle, que subsiste l'idée qu'une nation ne peut prospérer, si elle ne nuit à une autre nation, même à plusieurs autres nations.

Mais tous les événemens politiques et militaires ne peuvent plus qu'avancer la civilisation. Aujourd'hui la conscience publique s'éclaire, et elle avertit les nations ainsi que leurs chefs, qu'une politique opposée à la morale, opposée à l'intérêt du genre humain, couvre ses artisans d'opprobre.

Français!

Français! le souvenir si douloureux, le souvenir si humiliant des calamités que nous venons d'éprouver (*), et tous les sentimens et tous les intérêts, nous commandent de nous recueillir, de nous former des idées exactes sur la SCIENCE DE SE FAIRE GOUVERNER, et de nous apprendre les uns aux autres ce que les hommes se doivent mutuellement, ce qu'ils doivent aux autorités constitutionnelles, ce que les autorités constitutionnelles doivent à chaque associé au pacte social, ce que chaque nation se doit à elle-même, et ce que se doivent toutes les nations.

Des hommes civilisés se doivent mutuellement une instruction qui, affranchissant chaque homme de toute superstition anti-sociale, le constitue effectivement *citoyen*, le rend capable de respecter et de faire respecter les propriétés.

La nation doit assurer au pouvoir exécutif tous les subsides nécessaires pour garantir à chaque citoyen ses propriétés. De plus, la nation doit certifier le pouvoir exécutif, ainsi que les autres autorités constitutionnelles, de son affection au mode de gouvernement qui a l'intérêt des gouvernés pour objet unique :

(*) Ce mémoire date du 20 brumaire an 8.

F

pour cela même, la nation doit exercer une surveillance assidue sur tous ses fonctionnaires, leur distribuer et l'éloge qu'ils auront mérité et le blâme qui leur appartiendra.

Les autorités constitutionnelles doivent à la nation un dévouement inviolable. Ce dévouement se caractérise par l'obéissance de ces autorités à l'esprit de l'acte constitutionnel ; conséquemment aux principes du systême social.

Le pouvoir exécutif doit effectuer la garantie des propriétés facultatives et matérielles de chaque citoyen. Il ne remplira l'objet de son institution que par cette sagesse qui établit et maintient l'indépendance de la nation, le bon ordre, l'économie et la prospérité publique : le pouvoir exécutif doit donc procurer à chaque associé au pacte social la certitude de faire valoir toutes ses facultés à son avantage ; je le redis, c'est dans l'instruction nationale que consiste le moyen d'opérer ce phénomène politique.

Les tribunaux doivent aux citoyens une justice prompte ; et dans tous les cas qui n'auroient pas été prévus, et dans tous les cas où la loi ne s'exprimeroit pas assez clairement, les tribunaux doivent décider selon le vœu de la nation ; ce vœu n'est jamais équivoque ; le

pouvoir judiciaire doit donc décider à l'avantage de la nation.

Ces remarques sur les pouvoirs systématiques, ou sur les autorités constitutionnelles,
suffisent.

Mais il ne faut jamais l'oublier; il est une
condition sans laquelle un peuple ne parvien-
droit point à réaliser le mode de gouverner
qui s'appuie sur les principes du système social, sur les principes absolument conformes
aux intérêts des gouvernés; c'est que ce peuple soit assez puissant, soit par lui-même,
soit par ses alliés, pour résister aux potentats coalisés contre les principes du système
social.

En Europe, il est une nation assez puissante pour résister aux attaques de tous ses
ennemis : c'est la nation Française; c'est une
nation composée de trente millions d'individus, une nation invincible par les armes, et
qui ne peut plus être empêchée ni s'empêcher
elle-même de triompher de l'ignorance, conséquemment de toutes les opinions anti-so-
ciales.

Oui, il appartient à la nation Française de
se démontrer la première, que le seul moyen
d'écarter les fléaux qu'attire le mode de gou-

verner qui s'appuie sur le mensonge, consiste à répugner à tout ce qui répugne à la raison.

Et ne répugne-t-il pas à la raison, que les *Pontifes*, les *Monarques*, les *Pontentats*, ce petit nombre d'*êtres*, que l'ignorance considère comme *souverains*, mettent des millions d'hommes en alarmes et en combustion pour satisfaire quelque fantaisie? ou même, quand c'est pour un intérêt connu, cet intérêt, loin d'être relatif aux peuples, force les peuples à se battre et à se ruiner pour le personnel d'un prétendu *souverain*.

Partisans de l'ancien mode de gouverner! citez-nous une guerre que les personnages nommés *Sainteté*, *Majesté*, *Altesse*, aient entreprise pour la cause du peuple.

Vous qui croyez en la *religion de vos pères Catholiques* et de vos grands-pères *Juifs*, vous qui vous appuyez *du Nouveau et de l'Ancien Testament*, dites-nous à quelles intentions ont été faites toutes les guerres depuis le commencement des siècles, jusqu'à ce que l'empereur *CONSTANTIN* se fût fait Catholique; dites-nous encore comment le Catholicisme s'est établi en Asie, en Afrique, en Europe; et nous, nous vous dirons comment les Espagnols le prêchèrent en Amérique.

Avant que l'empereur Constantin se fût
fait Catholique, comme depuis qu'il a été
Catholique, les prétextes de guerres étoient
presque toujours des opinions presbytérales ;
les motifs, c'étoit la fureur des conquêtes, la
vengeance, ou quelqu'autre passion extravagante et effrénée.

Je l'ai déjà dit, les guerres renaissoient
les unes des autres ; car la perfectibilité de
l'homme, l'intérêt bien entendu, l'intérêt de
tous, le vœu de la nature, le systême social,
étant méconnus, il ne s'agissoit que de substituer des opinions aux opinions, et l'intention du personnage vainqueur n'étoit autre
que celle du personnage vaincu : quelque
parti qui l'emportât, les nations n'en demeurèrent pas moins au pouvoir de gens mal intentionnés ; et l'absence de la vérité, l'absence
des principes conformes à l'intérêt du genre
humain, continuant à nécessiter la confusion,
le trouble, l'inconséquence dans les idées et
dans les affaires, induisoit à croire qu'en général la vertu n'occasionnoit que des adversités, mais que le vice et le crime obtenoient
d'éclatans succès.

Oui, l'histoire des siècles atteste l'impiété,
l'atrocité du *systême d'ignorance et de mensonge ;* et de nos jours, où les connoissances

acquises en politique et en morale repoussent le mode de gouverner qui s'appuie sur le mensonge, les prêtres et les autres ennemis du genre humain ne se sont-ils pas de plus en plus enfoncés dans les ténèbres du crime? Loin de craindre que leur opposition à la réforme des abus favorisât les desseins de *PITT*, et qu'elle fît naître les prétextes, ainsi que les occasions de provoquer à tous les forfaits, au pillage, aux dévastations, aux incendies, aux meurtres, ils se flattèrent que tant de fléaux et une guerre à soutenir contre la plupart des rois, accableroient le peuple Français; que le peuple Français dans sa détresse, dans son désespoir, rappelleroit les *deux premiers ordres.*

Mais c'est à leur confusion que nos ennemis domestiques, et nos ennemis les rois et les empereurs, s'opposent à la communication des principes du système social (*).

Par cela même que les principes du système social sont trouvés, ils se communiqueront à tout le genre humain.

PITT! tu répands le sang humain à flots;

(*) Lecteur! c'est du 20 brumaire an 8 que datent ces remarques.

il n'est crime que tu ne commettes dans les quatre parties du monde.

Ton monopole et tes forfaits offensent toutes les nations (*), et aujourd'hui il est des rois que l'ESPRIT PUBLIC anime; il est des rois qui savent mériter et obtenir l'amour et le respect des nations; il est des rois qui veulent faire valoir les propriétés facultatives et matérielles des nations qu'ils gouvernent, au plus grand avantage de ces nations; et par cela même, au plus grand avantage de toutes les nations.

Mais quand même tous les potentats seroient ligués contre les principes du système social, ces principes n'en détruiroient pas moins tout obstacle, soit matériel, soit personnel.

Certainement, les potentats meurent; mais les principes du systême social sont impérissables. Les potentats ligués contre les principes du systême social ne peuvent se confier qu'aux opinions; nous Français, nous en appelons à l'évidence. Ces potentats sont habitués à l'effronterie du mensonge; nous Fran-

---

(*) *Voyez* RÉSULTATS DE L'INSTRUCTION, troisième mémoire.

4

çais, nous avons la majesté, l'éclat, la force de la vérité. Ces potentats peuvent avoir la témérité du crime; nous Français, nous avons le courage de la vertu et la certitude de la victoire.

Et quand, sur chaque hémisphère, la vérité se manifeste à des millions d'hommes déjà avancés dans leur instruction, la vérité assure immanquablement le triomphe à l'intention de constituer le genre humain dans la jouissance de toutes ses facultés, de tous ses intérêts, de tous ses droits.

Cependant ce seroit à nous, à nous Français, qu'on chercheroit à faire accroire que nous n'aurons la paix, qu'à condition que nous consentirons à retourner à l'*ancien mode de gouverner*!

L'ESPRIT PUBLIC, notre premier consul, et les rois nos alliés, s'offensent d'un tel déraisonnement.

Nous l'avons déjà dit; il importe aux rois nos alliés, il importe aux rois citoyens, aux rois philosophes, aux rois bien intentionnés, comme aux nations, qu'un peuple invincible par les armes, s'attache à jamais aux principes du système social; car alors ces rois sauront s'élever au-dessus du besoin si fatal et si humiliant de transiger avec les autres rois qui persisteroient à s'opposer à l'intérêt du genre humain.

Une nation qui, en connoissance de cause, répugne à l'hérédité du pouvoir suprême, est essentiellement inséparable des principes du systême social; et ses relations commerciales, ainsi que ses relations politiques, prendront une stabilité qui influera heureusement sur sa destinée et sur celle de toutes les nations.

Disons tout en peu de mots : la *France monarchie héréditaire*, n'avoit point de principes; ses *us et coutumes* étoient flottans; les favoris et des femmes de mauvaises mœurs décidoient de son sort : mais *en déléguant le pouvoir suprême d'après un mode déterminé par la loi*, la France ne peut se dispenser d'amener la science de gouverner à toute perfection.

Une série de raisonnemens exacts nous conduit à la connoissance de la bonté, de la justice, de l'immutabilité de Dieu, à la connoissance du vœu de la nature, à la connoissance des principes du systême social.

Les richesses avec des préjugés, occasion-

nent, même elles nécessitent la résistance au
vœu de la nature et aux lois de l'état.

Tout homme bien organisé, tout homme
doué de ses facultés sensitives, intellectuelles et
mécaniques, possède des propriétés plus importantes pour lui que la plus énorme richesse
en biens territoriaux; et tout homme qui sait
bien entendre son intérêt, qui jouit en même
tems du droit de s'y conformer, possède la
propriété la seule valable pour répondre de
son obéissance aux lois protectrices de toutes
les propriétés.

Oui, le peuple, *le peuple immense majorité de la nation;* je me trompe, le peuple,
c'est la nation elle-même (excepté les exclusifs); le peuple devient naturellement le plus
ferme soutien des lois conformes aux principes du systême social; car sans la protection d'un acte constitutionnel fondé sur l'é-
galité des droits, le peuple ne peut faire valoir aucune de ses facultés à son plus grand
avantage.

Voilà la vérité et la morale.

Abstenons-nous de compliquer la vérité,
de compliquer la morale avec le mensonge;
n'amalgamons point les principes du systême
social avec les dogmes, les commandemens,
les rubriques de l'Eglise.

Le mélange des croyances et des pratiques superstitieuses avec une science quelle qu'elle soit, rend l'étude de cette science difficile, et sa pratique fautive. Tout mélange d'opinions avec la morale la contrarie, et celui des croyances presbytérales la paralyse.

CARNOT! vous qui avez subi l'épreuve de l'adversité, vous que même la malveillance n'a jamais pu accuser d'improbité; vous qui avez servi la France avec passion, c'est pourtant vous, vous *étant l'un des directeurs du pouvoir exécutif,* que j'ai dû blâmer d'avoir adhéré à une erreur qui a failli être funeste à la France.

Vous approuverez que ma critique se retrouve ici; elle a pour objet de démontrer que l'homme d'état qui songeroit à raviver les croyances presbytérales, tueroit lui-même son crédit; il tomberoit de contradictions en contradictions.

Dans le discours que vous prononçâtes en qualité de président (*), se trouvent ces expressions : *hommage libre et pur; adorer à sa manière; domaine des lois séparé de ce-*

(*) Le 26 messidor an 5.

lui des consciences; vraie religion, quel que soit son culte.

J'écarte ce qu'il y avoit d'amer et de violent dans mon pamphlet; mais je ne retrancherai rien de la vigueur du raisonnement.

Hommage libre et pur. — Un hommage est déterminé par un intérêt bien ou mal entendu, par un motif bon ou mauvais.

Les hommes éclairés sur le motif de leurs devoirs, savent que le seul hommage qui soit conforme à la majesté de DIEU, consiste à cultiver la raison dont DIEU nous a doués, afin que nous perfectionnions toutes nos facultés, et que nous en fassions le meilleur usage pour nous et pour les autres : c'est donc un hommage déterminé en vertu d'un pouvoir irrésistible, que les hommes éclairés sur le motif de leurs devoirs, adressent à DIEU.

Les hommes superstitieux, les hommes qui sacrifient leurs facultés intellectuelles aux prêtres, les hommes que meuvent des espérances frivoles et des terreurs paniques, ne sont pas non plus les maîtres du choix de l'hommage qu'ils font; car les hommes superstitieux sont des mannequins forcés à recevoir des attitudes analogues au systême presbytéral.

L'hommage de l'homme superstitieux, loin d'être édifiant, est nécessairement scandaleux; car il a pour base des opinions absurdes, et pour objet, une idole fabriquée par les prêtres, une idole hideuse, atroce, exécrable.

Afin que l'homme adresse à Dieu *un hommage pur,* un hommage sanctionné par la morale, un hommage en connoissance de cause, l'homme doit être affranchi de toute superstition.

Quant à l'hommage des hypocrites, il ne peut s'adresser qu'au diable.

Adorer à sa manière. — Il seroit cependant bon que chacun sût ce qu'il fait. Les hommes qui savent ce qu'ils font, n'ont qu'une seule et même manière d'adorer Dieu; c'est celle de s'éclairer de leur mieux sur le motif de leurs devoirs, et d'en sentir assez vivement l'importance pour les remplir.

Domaine des lois séparé de celui des consciences. — Mais il est de l'essence des lois d'avoir pour objet l'avantage de la société; et la conscience y est-elle étrangère? N'est-elle pas le sentiment des pensées et des actions?

Mais si la conscience n'est pas éclairée, si elle n'est pas d'accord avec la pleine raison, avec le systême social, avec l'intérêt du genre humain : la conscience, loin de favoriser le bon ordre, n'est qu'un agent aveugle et dangereux.

Qu'est-il arrivé chaque fois que cette maxime, *le domaine des lois séparé de celui des consciences*, a été solemnisée? Les brigands, les factieux, tous les partisans du système de mensonge, tous les personnages ayant des intérêts opposés à ceux du genre humain ; en deux mots, *les prêtres et leurs complices,* se sont saisis de l'occasion de s'emparer des esprits foibles, de les infecter de nouveau du germe des inconséquences et des turpitudes, du germe des crimes les plus affreux, des calamités les plus horribles.

Le presbytéralisme et les bonnes lois sont incompatibles : des hommes *déterminés à être prêtres,* ne peuvent point s'empêcher d'opprimer et de dénaturer les consciences ; de disposer, de forcer le genre humain à méconnoître la première loi, la loi de la nature, la loi de Dieu, la loi qui défend à l'homme de renoncer à la raison sous quelque prétexte, sous quelque rapport que ce puisse être.

Vraie religion, quel que soit son culte. — La VRAIE RELIGION ne peut avoir qu'un seul culte; ce culte ne peut consister que dans la pratique des devoirs dictés par la raison.

Les *religions*, les *attachemens* qui exigent et la croyance en des mystères et des pratiques non conformes aux besoins de l'homme, non conformes au développement de ses facultés intellectuelles, non conformes au vœu de la nature, à l'intérêt du genre humain; ces *religions*, ces *attachemens* avilissent la nature humaine.

Tous les hommes peuvent donc facilement reconnoître la VRAIE RELIGION. Elle a pour objet le bonheur du genre humain, et elle emploie, comme moyen, la perfectibilité des hommes en masse; car ce n'est que par le perfectionnement des facultés de chaque homme, que le genre humain peut créer le bonheur.

Voilà pourquoi la VRAIE RELIGION, l'attachement à DIEU, l'amour de la sagesse, la connoissance de l'intérêt du genre humain, la philosophie, nous commandent de substituer, en tout ce qui concerne le système social, l'évidence aux opinions.

Citons un autre exemple de l'inconvénient et du danger d'en appeler à l'opinion.

Tous les gouvernemens ont leur décrépi-

tude. Cette assertion a été énoncée à la tribune du corps législatif.

Le texte prêtoit un air capable à l'orateur; il étoit, à ce qu'il lui sembloit, fort de l'expérience des siècles.

Mais les démagogues et les aristocrates sont essentiellement soumis à l'empire des opinions, et même l'expérience ne leur donne que des leçons perfides.

Ce n'est qu'aux hommes affranchis de tout préjugé anti-social, que l'expérience du passé et du présent apprend à rapporter les résultats aux causes auxquelles ils appartiennent; conséquemment à se démontrer que durant les siècles qui ont précédé la fondation des États-Unis de l'Amérique, tous les gouvernemens se sont, en s'établissant, incorporé le germe de leur destruction; car tous, ils se sont appuyés du prestige; tous, ils ont connivé avec des institutions directement opposées aux lois de la nature de l'homme, conséquemment à Dieu; et de tels gouvernemens doivent, s'ils ne peuvent réformer leurs vices, y succomber.

Mais le mode de gouverner qui s'appuie de la vérité; le mode de gouverner qui fait valoir toutes les facultés de l'homme afin de

pourvoir

pourvoir à tous ses besoins; le mode de gouverner qui, par son essence, favorise et effectue le perfectionnement des hommes en
masse, qui conséquemment accomplit le vœu
de la nature, sera-t-il exposé à la décrépitude? Non; nécessairement il se perpétuera
par l'accord des pensées et des actions avec
la conscience éclairée sur l'intérêt et sur les devoirs du genre humain, par l'accord constant
de la raison publique et de la force publique :
oui, le mode de gouverner qui s'appuie de la
vérité, réalisera, et il éternisera la prospérité
de l'état, ainsi que la prospérité des individus; il réalisera, il éternisera le bonheur, et
il en conservera la source dans toute sa pureté et dans toute son abondance à toutes les
générations.

Attachons - nous donc à la vérité, attachons-nous à Dieu; voilà la vraie, la bonne
religion.

Dieu ne cesse de manifester sa volonté à
notre égard. L'expérience la plus constante
atteste que l'homme qui, sous quelque prétexte que ce soit, renonce à la raison, devient
la dupe de ses passions et de celles des autres :
mais en cultivant la raison, l'homme apprend
à se former des idées exactes sur les facultés
qui dérivent de son organisation, ainsi que

G

sur les circonstances qui en favorisent ou en contrarient le bon usage; il sent que, pour résister aux vices, pour se rendre heureux, pour réellement se conformer à son intérêt, il a besoin que les hommes en général puissent aussi se conformer à leur intérêt; que conséquemment ils se déterminent à écarter toutes les *causes politiques* qui dégradent les facultés sensitives et intellectuelles.

« Les *finances*, les *finances!* Voyez et admirez l'ANGLETERRE. »

« Sa splendeur et son or, elle les doit à son système de finances; il faut *emprunter*, *amortir* et *emprunter* : c'est ainsi que le gouvernement Anglais augmente son crédit et sa puissance; c'est ainsi qu'il paye exactement les rentiers. »

Illustre et trois fois illustre MATIGNON! c'est à toi que se recommandent les honorables membres de l'*Échiquier*, et tous les spéculateurs qui veulent que les individus prêtent au gouvernement.

Une grosse butte importunoit M. le maréchal de MATIGNON quand il regardoit par les fenêtres de la salle à manger de son château.

— Qu'on m'ôte cette butte d'ici; qu'à mon

retour je ne la trouve plus. — Mais, monseigneur, il faudra bien des journées d'ou-
vriers. — Que diable, faites un trou à côté de
la butte, et vous l'y mettrez. — Monseigneur,
la terre que nous tirerons de ce trou, où la
mettrons-nous? — Vous avez l'esprit borné,
vous autres; faites le trou si grand que tout
y entre.

Le mot *finance* est composé de deux mots
Allemands : du mot *fin* (*) et du mot *hanse*.

Selon les premiers dictionnaires imprimés
en Allemand, le mot *fin* veut dire *ténébreux,
fourbe, fripon*. Quant au mot *hanse*, il se
traduit par les mots *ligue, compagnie, société;* ainsi *finance,* selon son étymologie,
c'est *une ligue, une compagnie, une société
de fripons*.

Commençons par le commencement : or,
au commencement il n'y avoit que des sots;
mais par-tout où il y a des sots, il y vient des
fripons.

Les choses allant bien, le nombre des fripons augmente, celui des sots diminue.

Les choses allant de mieux en mieux, cha-

(*) *Prononcez* finn.

cun parvient à s'apercevoir du désagrément d'être un sot.

Nous approchons du *maximum;* incessamment les fripons ne trouveront plus de sots; conséquemment les fripons n'auront que des embarras sans dédommagement.

Le métier de *ténébreux,* de *fourbe,* de *fripon,* ne rapportant point, comme par le passé, profit et honneur, mais devenant de plus en plus incommode et fâcheux, nul n'y aura plus de vocation.

Ne plaisantons point; c'est un des bienfaits de l'*honorable chancelier de l'Échiquier;* grace à la sagacité de PITT, notre révolution a vigoureusement poussé la graine de toutes les espèces de *fin-hansiers,* qui avoit été si abondamment semée sous l'ancien régime.

Mais puisque la *fin-hanse,* puisque la *friponnerie* est une si belle chose, qu'elle peut, en s'universalisant, conduire le genre humain au sentiment du besoin du bon ordre, conséquemment à la prospérité publique et individuelle, la *fin-hanse* vaut sans doute la peine que nous nous rendions compte de sa théorie.

La *fin-hanse* s'exerce sous trois rapports :

Friponnerie des gouvernans envers les gouvernés;

Friponnerie des *fin-hansiers*, proprement dits, envers l'état;

Friponnerie d'un ou de plusieurs *fin-hansiers* aux trousses d'un ou de plusieurs sots.

Actuellement, voulez-vous savoir

Pourquoi un ou plusieurs *fin-hansiers* s'occupent de tel ou tel homme? parce que le cher homme est un sot en l'affaire au sujet de laquelle il fixe l'attention des *fin-hansiers*; et souvenez-vous, s'il vous plaît, que jusqu'à aujourd'hui, les gens qui s'appeloient les *honnêtes gens*, étoient des sots en plusieurs affaires, et des fripons en une autre : mais je ne veux pas vous injurier, vous qui daignez me lire : c'étoit *sans le savoir*, que le *Bourgeois-Gentilhomme* faisoit de la prose.

Pourquoi les *fin-hansiers* donnent des pots de vin aux gouvernans ou à leurs ayant-cause? Parce que les *fin-hansiers*, n'importe que l'état ait du crédit ou qu'il n'en ait pas, n'en tournent pas moins les circonstances à leur profit.

Pourquoi les hommes qui gouvernent sont presque tous eux-mêmes *fin-hansiers*? Je l'ai déjà dit : un imbécille doit subir son sort, et tout peuple qui demeure imbécille, sera baffoué, vexé et pillé.

(102)

Le peuple Français est-il toujours *Velche*, ignorant, superstitieux, imbécille? Le peuple Français croit-il encore qu'un gouvernant en chef tient le pouvoir de gouverner *de Dieu et de son épée* (*)? En ce cas, le destin veut que le peuple Français demeure à la merci des *fin-hansiers*, des *ténébreux*, des *fripons* du dedans et du dehors.

Mais un peuple qui sait qu'en lui réside la souveraineté, apprend à conformer son vœu matériel à son vœu intentionnel; conséquemment à se faire gouverner d'après les principes absolument conformes à son intérêt, ainsi qu'à l'intérêt de tous les peuples.

Quoiqu'un peuple, même bien instruit, ne puisse pas empêcher qu'il ne demeure sur son territoire un certain nombre de sots, conséquemment aussi un certain nombre de *fripons*, cependant un peuple qui s'instruit, un peuple qui apprend à conformer son vœu ma-

---

(*) Le dicton, *Dieu et mon épée*, rappelle que Louis xv, pressé par la comtesse Dubarry d'accueillir une réclamation des princes Allemands qui avoient fourni des fourrages à l'armée, *l'oint du Seigneur*, tenant son *royaume de Dieu et de son épée*, demanda ce que de *cette affaire de fourrages* il lui reviendroit à lui, Louis xv, roi de France et de Navarre?

tériel à son vœu intentionnel, empêchera les hommes qui le gouvernent d'être *ténébreux*, d'être *fourbes*, d'être *fripons*, d'être *fin-hansiers* dans les affaires qui concernent l'état, qui concernent les individus en masse.

La république Française est immortelle ; car elle est fondée sur la vérité, sur les PRINCIPES CONFORMES A L'INTÉRÊT DE TOUS LES PEUPLES, et pour cela même son existence favorise, disons, elle nécessite le perfectionnement du genre humain : c'est donc non-seulement sans aucun inconvénient, mais avec la certitude d'un succès prompt et complet, que la république Française peut se faire représenter le total de ses dettes, dettes que l'acharnement de ses ennemis pendant la révolution, ainsi que le vice de l'ancien régime, ont occasionnés ; car en même tems elle montrera le tableau des ressources que son territoire, son industrie, sa valeur et ses principes lui assurent.

Une preuve matérielle du vice du *mode de gouverner qui s'appuie sur le mensonge,* c'est que tous les gouvernemens se sont de plus en plus endettés. Mais le *mode de gouverner qui s'appuie sur la vérité,* vient de s'établir en France ; il fera cesser le scandale que la France s'est donné à elle - même en traitant avec des

4

usuriers; déjà il cerne la gangrène que l'impéritie et le brigandage ont tellement étendue, que les emprunts et le discrédit durent
renverser le gouvernement monarchique et le
gouvernement directorial.

UN COURS DE DROIT PUBLIC selon les
principes sur lesquels se fonde le respect im-
perturbable des propriétés personnelles, territoriales et mobiliaires, ne se borne point
à indiquer aux gouvernemens le moyen de
substituer le crédit au discrédit; il est de son
essence de démontrer aux nations elles-mêmes
que, soit sous le prétexte du *crédit*, soit sous
le prétexte du *discrédit*, les sottises et les embarras de gouvernement perpétueront le mal-
avisé, le funeste égoïsme des gens riches, et
en même tems le mal-être du plus grand nombre des gouvernés, jusqu'à ce que le peuple
lui-même ait appris à connoître et à défendre
son intérêt; jusqu'à ce que le peuple sache se
faire gouverner, sache EXERCER LA SOUVERAI-
NETÉ, SACHE EXERCER SA SURVEILLANCE SUR SES
FONCTIONNAIRES.

C'est donc par son instruction, et ce n'est
que par son instruction, qu'une nation acquiert un *crédit mérité*, un crédit qui fera
succéder aux sacrifices et aux efforts que le
besoin du crédit commande, un état de pros-

périté si plein et si durable, que la nation puisse produire et faire valoir sa puissance sans nulle intervention, que sa seule volonté y suffise.

Toute discussion sur les mille et un modes d'amortir et d'emprunter, sera oiseuse : la nation saura qu'en empruntant, elle manqueroit et de morale et de politique.

L'emprunt est immoral; car il ne procure des bénéfices à quelques individus, qu'au dommage du plus grand nombre.

L'état qui emprunte, paye des rentes aux prêteurs; pour payer les rentes, il faut augmenter l'impôt; en augmentant l'impôt, le gouvernement contraint le plus grand nombre des gouvernés à faire un sacrifice auquel la classe des prêteurs ne participe point; car les prêteurs, faisant, en leur qualité de rentiers, un bénéfice sur l'état, ne sont point lésés par l'augmentation de l'impôt que l'emprunt nécessite; tandis que le plus grand nombre des gouvernés, qui, n'ayant pas de fonds à placer, qui conséquemment n'a pas pu devenir rentier, est évidemment lésé par l'augmentation de l'impôt que l'emprunt occasionne.

L'emprunt est impolitique; il nuit à l'unité d'intérêt et d'action qui elle seule garantit la prospérité et la sécurité de l'état. L'emprunt d'une nation sur elle-même divise le *souverain*, divise la *totalité des citoyens* en deux classes : l'une est surchargée d'impôts par cela même que l'autre fait des bénéfices sur l'état : mais en même tems cette partie de la nation qui aura prêté, cette partie de la nation prépondérante par sa richesse, se sera mise dans la dépendance du gouvernement; et n'est-il pas imprudent à l'excès, que les commettans se mettent à la merci de leurs délégués?

Quant aux avantages qu'une nation peut obtenir des emprunts sur elle-même, ils s'obtiendront certainement et facilement, mais sans nul inconvénient, si la nation, au lieu de se prêter à elle-même, prête à des *compagnies de banque,* à des *caisses d'escompte.* La nation n'aura point à supporter les frais de l'administration des *emprunts sur elle-même,* et cependant elle donnera à la circulation tout mouvement salutaire.

Concluons que le peuple qui le premier sera assez éclairé sur son intérêt, et assez sage pour s'y conformer, répugnera à tout emprunt; car il saura que l'emprunt de la part d'un état nécessite un emprunt subséquent; que pour pallier le mal, il faut amortir; que si, en amortissant, on trouve à emprunter encore, à force d'amortir et d'emprunter, *le trou devient si grand que tout y entre.*

Mais, vous me demandez comment fera le gouvernement qui est pressé d'avoir de l'argent?

Les rois, depuis Nabuchodonosor jusqu'à Georges, ont toujours été pressés d'avoir de l'argent ; et pourquoi faire? pour faire la guerre : mais nulle guerre n'a jamais été entreprise pour procurer quelque avantage au genre humain. C'étoit par cupidité, par orgueil, par caprices que les potentats faisoient la guerre, ou c'étoit simplement pour saigner le genre humain.

Et nos *directeurs,* n'ont-ils pas été, comme les rois, très-pressés d'avoir de l'argent? Qu'en ont-ils fait? sottise sur sottise.

Enfin, un jeune homme parvient à réorganiser et à restaurer une armée délabrée; bientôt, avec cette armée, il réduit l'empereur d'Allemagne à demander un armistice; et il se forme un congrès; mais nos directeurs écartent le général victorieux des négociations; et comme s'ils eussent craint de l'opposer de nouveau aux potentats coalisés, nos directeurs l'éloignent avec l'armée d'Italie.

Voilà comme nos directeurs ont préparé le dénouement des négociations; voilà comme ils ont dissipé l'argent dont ils se disoient avoir le besoin le plus urgent; voilà comme des revers cruels ont succédé à des triomphes qui auroient du être décisifs.

Et pourtant un ex-directeur, devenu législateur, s'est imaginé qu'il feroit un grand effet avec ces paroles :

« Mais devez - vous dire à la France, à l'Europe entière, qu'il y a eu de scandaleuses dilapidations? que vous en poursuivez les auteurs, soit qu'ils siégent au sénat, soit qu'ils siégent au directoire?..... »

« J'appelle l'exécration publique sur tous les dilapidateurs de la fortune nationale, sur tous ceux qui, directement ou indirectement, ont pris part à des marchés onéreux à la ré-publique; mais je ne dirai pas avec notre collègue Dubois - Dubay, que je les poursuivrai jusques dans les rangs des membres du directoire; je ne déverserai pas aussi vaguement un soupçon de cette espèce; car je regarderois le jour où nous serions condamnés à poursuivre un membre du corps législatif ou du directoire pour une bassesse semblable à celle dont il s'agit, comme un jour de calamité publique. Rappelez-vous que, long-tems avant de décimer les membres de la convention, on les traîna dans la boue, sous le couteau de la calomnie. »

« Ce n'est donc pas pour excuser le ministre que je parle, mais pour demander la suppression de cette partie du rapport de Du-BOIS-DUBAY, par laquelle il jette un soupçon vague et général sur la moralité des membres du corps législatif et du directoire, en disant que les dilapidateurs devoient être poursuivis, fussent-ils revêtus de la pourpre sénatoriale ou du manteau de directeur (*). »

LE SOUVERAIN, le PEUPLE FRANÇAIS demande à l'orateur si la *pourpre sénatoriale,* si le *manteau de directeur* sont un préservatif contre la prévarication?

Le PEUPLE FRANÇAIS demande pourquoi l'orateur desire que le corps-législatif garde le silence sur les dilapidations?

Le PEUPLE FRANÇAIS demande à quelle fin l'orateur exhorte le corps-législatif à se rappeler que, *long-tems avant de décimer les*

(*) Conseil des anciens, séance du   prairial an 7.

*membres de la convention, on les traîna dans
la boue?*

Le PEUPLE FRANÇAIS pense que ni le directeur du pouvoir exécutif, ni les législateurs
ne peuvent être *traînés dans la boue,* à moins
qu'ils ne manquent des vertus que l'exercice
de leurs fonctions exige. Si la majorité de la
convention eût su se conformer pleinement à
l'objet de sa mission ; si elle eût été pénétrée
de l'esprit de la devise, *fais ce que dois, ad-
vienne ce que pourra,* nul n'eût succombé.

Le PEUPLE FRANÇAIS pense que la présomption de l'impunité du délit expose les individus qui gouvernent à faire des *bassesses
semblables* à celles que l'orateur ne voue à
l'exécration publique, qu'avec la réserve que
ceux qui les auroient commises ne soient pas
poursuivis, pas même soupçonnés : l'orateur
ignore donc que les sophismes répugnent au
systême républicain ?

Le PEUPLE FRANÇAIS pense qu'il importe à
ses intérêts que l'*Europe sache* que les fripons
ont toujours besoin d'un *déficit,* afin qu'ils
puissent donner le change sur leurs manœuvres ; que l'*Europe sache* en même tems que
ce *déficit,* sous le prétexte duquel s'est exercé
un brigandage si énorme, n'est que le *fait*

des fripons : car alors l'*Europe saura* que nos embarras n'appartiennent point au défaut de moyens, mais à une *épidémie* dont les républicains connoissent l'*antidote.*

Le PEUPLE FRANÇAIS pense que plus le rang que le prévaricateur occupe est éminent, plus grande est la *calamité publique,* jusqu'à ce que le prévaricateur soit atteint.

J'ai dû rapporter ici les fragmens les plus remarquables d'un discours prononcé au corps législatif par REUBELL : car ces fragmens présentent l'ensemble des sophismes qui, jusqu'à nos jours, ont commandé, sinon un respect absolu pour le brigandage, du moins l'impunité des brigands; et si le peuple Français continuoit à accorder à ses fonctionnaires le privilége de prévariquer impunément, ce privilége, lui seul, équivaudroit au total des priviléges supprimés.

Mais un tel privilége n'étant fondé que sur un amalgame d'impudence et d'ânerie (*), sa base est aussi fragile qu'elle est monstrueuse.

Et je l'ai déjà dit : le système Français répugne à l'ignorance et à la couardise; le

____

(*) Tout mal vient d'ânerie. — LAFONTAINE.

système Français veut que nos premiers magistrats se condamnent à vivre d'ignominie,
ou qu'ils acquièrent l'instruction et l'énergie
dont ils ont besoin pour apprendre à l'Europe
que la maladie la plus ruineuse, la plus honteuse, la plus tenace, la *croyance en l'impos-
sibilité de la répression du brigandage,* n'est
pas incurable.

Le genre humain ayant commencé par être
un sot, le système aristocratique a dû s'établir par-tout où les hommes formèrent une
société : mais aujourd'hui nous connoissons
le spécifique contre l'ignorance, conséquemment contre la sottise. Grace à l'IMPRIMERIE,
le genre humain guérira radicalement de toute
opinion anti-sociale.

Aussi les expédiens que le *Cabinet de
Londres* est contraint d'employer pour empêcher que son système, son échafaudage
financier ne se disloque à tout moment, le
poussent-ils vers le précipice qui doit l'en-
gloutir.

Le système financier du *Cabinet de Londres*
suppose la pérennité du système aristocratique ; car il exige que les aristocrates de tous
les pays sacrifient l'intérêt de leur patrie aux
vues

vues du *Cabinet de Londres ;* et à cet égard
le *Cabinet de Londres* ne se trompe pas. Le
Cabinet de Londres raisonne d'après l'expérience des siècles. Les aristocrates ont constamment sacrifié, et par essence ils doivent
sacrifier tous les intérêts à l'*intérêt de maintenir l'aristocratisme.*

Mais le *Cabinet de Londres* n'a point prévu
qu'une révolution précédée de la proclama-
tion des *droits de l'homme* et provoquée vers
la fin du dix-huitième siècle, chez un peuple
immense, courageux, spirituel, et généralement
affranchie de préjugés, devoit nécessairement
avancer l'esprit humain, et qu'en conséquence
d'une telle révolution, tous les peuples de
l'Europe apprendroient à évaluer, à mépriser
et à rejeter le systême aristocratique, systême
d'insolence, de bassesse et de brigandage.

Que le *Cabinet de Londres* continue à exercer le monopole sur toutes les nations; que,
pour avoir de l'or, il continue à commettre
tous les crimes; qu'avec cet or il soudoie des
rois et des empereurs, afin que ces rois et ces
empereurs envoient leurs *imbécilles sujets* se
faire tuer; les uns et les autres n'en sont pas
moins des hommes; et nous Français, nous
républicains, nous voulons que les hommes
s'apprennent à être humains.

H

Les rois et les empereurs cesseront de trafiquer du sang de leurs semblables; ils cesseront d'être d'enragés scélérats; ils cesseront de se rendre de plus en plus criminels, vils et odieux; ils ne feront plus eux-mêmes leur tourment et leur malheur (*).

Fils de Chatam! stipendiez des rois et des empereurs; empruntez, amortissez et empruntez encore, cela est très-aristocratique.

Nous Français, nous nous disons que l'impôt, en le miminuant assez pour qu'il cesse de nous être onéreux, suffira à toutes nos dépenses nécessaires : mais les puissances ennemies, qui se plaisent à nous occasionner des dépenses extraordinaires, nous en indemniseront AU MOINS.

Résumons : la connoissance des lois de la nature de l'homme et l'histoire du genre humain nous certifient que l'ignorance originelle a forcé le genre humain à subir un sort honteux et misérable.

Quelques hommes s'élevèrent au-dessus de l'ignorance et des vices de leurs contemporains; mais la vérité qu'ils avoient su trouver

____

(*) Le lecteur sait que ce mémoire date de brumaire an 6.

ne pouvant se transmettre aux hommes en masse, demeura inconnue au genre humain : elle ne pouvoit donc opérer son salut.

Après une immensité de siècles, le mécanisme qui procure à la vérité le moyen de se manifester aux hommes en masse, fut inventé.

Les prêtres, en possession de faire trembler les rois et les peuples, s'emparèrent de l'imprimerie pour appesantir leur joug et sur les peuples et sur les rois.

Plusieurs rois ne tardèrent pas à se prévaloir eux-mêmes de l'imprimerie pour se soustraire au pouvoir sacerdotal.

C'est ainsi que la première fois s'est engagé un combat public entre le bon sens et le prestige.

Cependant la *science de gouverner* étant encore occulte, conséquemment très-fautive, quelques rois, après avoir *lié les mains aux papes,* continuèrent à leur *baiser les pieds.*

Croyant que sans autel le trône n'avoit point d'appui, les rois crurent devoir protéger les prêtres, afin que les prêtres aidassent les rois à contenir les peuples.

Le presbytéralisme étant essentiellement opposé au vœu de la nature, à l'intérêt du genre humain, l'alliance entre les rois et les prêtres ne pouvait être que funeste; aussi a-t-elle occasionné des factions et des meurtres.

La philosophie, l'amour de la sagesse, l'intention de Dieu, l'intention de créer le bonheur, parvint à faire servir l'imprimerie à la communication de la vérité, et un POUVOIR TRANSCENDANT ET IMPÉRISSABLE pénétra dans les esprits les plus élevés.

Ce POUVOIR c'est LA CONNOISSANCE DES DROITS DE L'HOMME.

Mais c'étoit à la *France actuelle;* c'étoit à une nation assez avancée pour vouloir se faire gouverner d'après les principes du systême social, d'après les principes les plus conformes à l'intérêt du genre humain, qu'il étoit réservé de mettre en évidence le caractère des devoirs du gouvernement envers la nation, ainsi que le caractère des devoirs de la nation envers son gouvernement; conséquemment d'établir une garantie réelle entre les gouvernés et les gouvernans; par-là même une confiance éclairée et réciproque; une confiance fondée sur le besoin de la nation d'être servie avec talent et fidélité par ses fonctionnaires, et sur le besoin des fonctionnaires de se conformer aux intérêts de leurs commettans.

Ce sera ainsi que l'intention de Dieu, l'intention de créer le bonheur, l'amour de la

sagesse, la philosophie, après avoir avancé
l'esprit humain dans les études les plus dignes
de son attention, produira le plus majestueux
de tous les phénomènes; elle réalisera les
motifs qui autoriseront le peuple à avoir confiance dans ses magistrats, ainsi que les motifs
qui autoriseront les magistrats à avoir confiance dans le peuple; car elle réalisera la
communauté des principes et des intérêts politiques entre les gouvernans et les gouvernés.

Dès-lors s'évanouira la fureur et la coalition des rois. Quelle qu'ait été leur jactance,
ils se verront pour toujours contraints à porter un profond respect au peuple Français,
peuple à jamais invincible, par cela même
que sa propre énergie le constitue sous la protection des principes du système social.

Et les ennemis domestiques, faute de pouvoir mettre en avant le besoin des opinions
sacerdotales, ainsi que faute de l'occasion de
se prévaloir de l'inégalité des droits ou de
l'excès des impôts, seront condamnés à la
nullité.

Si ces soi-disant *honnêtes gens* qui regrettent
leurs parchemins et leurs priviléges, et qui se
lamentent sur l'instruction et sur l'élévation
du genre humain, ne peuvent que continuer à
être extravagans, impudens et impies; s'ils

redemandent les prêtres, qu'importent et les prêtres et les aristocrates ? les opinions presbytérales sont usées.

Excepté le très-petit nombre de Français qui habitent quelques bords de la mer, ou les hameaux éloignés d'une grande route, le peuple Français sait que les croyances et les pratiques presbytérales sont des inventions humaines ; il sait mieux, il sait que ce sont *des inventions anti-humaines.*

Mais si le peuple ne prend pas un plaisir très-vil à la *messe ;* s'il n'est pas persuadé que la *confession* soit propice à l'innocence des jeunes filles, et s'il ne se met guère en souci ni de l'*obombration de la Vierge ,* ni de l'*incarnation de l'homme-Dieu ,* ni de l'*infaillibilité de son vicaire ,* il a besoin de distraction. Les vieillards et les hommes d'un âge mûr aiment à se reposer et à se rencontrer en un lieu et un jour convenus, et les jeunes gens de l'un et de l'autre sexe ne se fuient pas.

Ajoutons : les hommes sont tous disposés à imiter, et l'imitation modifie encore plus leurs pensées et leurs sensations, qu'elle ne modifie leurs gestes et leurs attitudes ; il faut donc que les hommes, même à leur insu, se pervertissent, ou qu'ils s'édifient les uns les autres.

Dans les siècles où le presbytéralisme enve-
loppoit le genre humain de ténèbres, le pouvoir de l'imitation ne pouvoit s'exercer sur les
hommes en masse, qu'en dégradant l'instinct,
la raison et la conscience : aujourd'hui il n'en
est pas de même ; il n'y a plus de contrée en
Europe où il ne se trouve des hommes qui
répugnent aux croyances presbytérales ; et en
France ces opinions sont entièrement cadu-
ques : l'époque est donc arrivée où l'autorité
sage et vigoureuse peut faire succéder des
exemples nouveaux, généreux et salutaires,
aux exemples que nous tenons de nos aïeux,
mais qui sont impertinens et pernicieux.

Quant à *l'inégalité des droits*, les principes
du systême social et notre acte constitutionnel
l'abhorrent ; et le nombre des hommes auxquels l'inégalité des droits porte préjudice, ne
surpasse-t-il pas le nombre des hommes qui
veulent que l'inégalité des droits leur porte
avantage ? Cette question est laconique ; elle
n'en sert que mieux à démontrer que nulle faction, ni sous le prétexte de l'*inégalité*, ni sous
celui de l'*égalité en droits*, ne pourra jamais
causer d'insurrection en France que dans le cas
où les gouvernans se proposeroient de trahir
le *souverain* : alors, pour plus ou moins de
tems, en connoissance de cause et de son

4

propre mouvement, le peuple rappelleroit l'exercice de la souveraineté à lui - même ; mais cet acte ne seroit ni accompagné ni suivi d'aucun trouble ; car un peuple une fois sciemment constitué sous la protection des principes du systême social, sera pour jamais à l'abri du fanatisme et du terrorisme.

Quant aux impôts, ils sont excessifs dans presque toute l'Europe. Cependant le bien-être et le contentement ne peuvent exister chez un peuple surchargé d'impôts. Voilà pourquoi j'ai dû remonter aux causes qui obligent les gouvernans à exiger des contributions disproportionnées aux facultés du plus grand nombre des contribuables.

Je ne suis point dans l'illusion ; nul obstacle ne peut empêcher la *France République* de se soustraire à la puissance des maltôtiers, et de repousser les prétextes avec lesquels on essayeroit de lui donner le change sur le mauvais emploi de l'impôt.

La révolution Française n'aura atteint son but, ne sera réellement achevée, qu'alors que la communauté des intentions et du peuple et de ses premiers magistrats, aura établi cette surveillance nécessaire pour créer une confiance méritée ; cette surveillance qui épurera les administrations, qui les déterminera à être

constamment fidèles au bon ordre et à l'économie; qui conséquemment dispensera la nation d'avoir affaire à des usuriers : car l'objet
final de la révolution Française, c'est la réforme même de l'abus le plus grossier et le
plus exécré, de l'abus dans les opérations
administratives.

La communication intégrale et solemnelle
des principes du système social, écarte pour
jamais les opinions et les prétextes qui jusqu'à
nos jours ont perpétué le brigandage ainsi que
les mauvaises lois; car elle décide le perfectionnement des hommes en masse.

Certes, alors que la perfectibilité humaine
aura été mise assez en valeur pour que la majorité d'une nation soit arrivée à la connoissance exacte des moyens d'assurer tous ses
intérêts; que conséquemment elle refuse son
assentiment à ce qui répugne à la raison, les
abus de tout genre disparoîtront chez elle :
mais les bonnes lois, les lois absolument conformes à l'intention de Dieu, au vœu de la nature, aux besoins et aux facultés de l'homme,
une fois qu'elles seront établies, demeureront
invariables.

Fourbes, hypocrites, prêtres de toutes les

sectes ! reprenez ce qui vous appartient, et retirez-vous.

Ces institutions qui paralysent l'entendement humain, et cette perfidie qui avec la sottise préside à l'instruction scolastique, sont à vous.

Les ordures, les balourdises, les abominations consignées dans l'histoire des Juifs, soi-disant le *peuple de Dieu*, sont à vous.

Les évangiles concernant *le Verbe incarné, fruit du ventre* d'une Juive (*) toujours vierge, mais suspectée de grossesse et accouchant dans une écurie ; les évangiles concernant *Joseph* et le *Saint-Esprit*, l'un *père putatif*, l'autre *père effectif de l'homme-Dieu*, la circoncision de *l'homme-Dieu*, son baptême, ainsi que son aventure avec le diable, et sa passion, sont à vous (**).

(*) Toutes les croyances établies par les prêtres supposent un *Dieu incarné, un Dieu fruit du ventre d'une vierge.* C'est dans le PRÉCIS DE L'HISTOIRE DU GENRE HUMAIN, que doit se consigner la notice sur les révélations.

(**) C'est avec les catéchismes dans lesquels les prêtres ont inséré de tels blasphêmes, qu'ils tuent la raison, qu'ils forcent l'homme à se méprendre sur la volonté de DIEU.

Les sept sacremens, les sept péchés mortels, les croisades, l'inquisition et ses auto-da-fés, sont à vous.

Les hérésies, les sortiléges, les maléfices, les exorcismes, les miracles, les canonisations, les reliques, les bulles, les décrétales, les anathêmes, les excommunications, les cas réservés, les dipenses, les indulgences, les jubilés et toutes les rubriques, toutes les turlupinades avec lesquelles vous abusez encore de la crédulité, sont à vous.

Prêtres! voilà votre apanage; retirez-vous.

Cependant nous rencontrons des politiques si profonds, qu'ils veulent qu'on supprime, non le presbytéralisme, mais ses abus.

Ces messieurs aiment à se dissimuler que le presbytéralisme est un abus par son essence, et que tous les autres abus ne subsistent que sous ses auspices.

Mais le presbytéralisme, ainsi que tout systême qui ne porte que sur l'opinion, s'il ne la perpétue, devient bientôt caduc.

Or, le presbytéralisme perpétuant l'opinion de laquelle il s'appuie; perpétuant l'opinion que l'*homme doit faire le sacrifice de sa raison en ce qui concerne son intérêt capital*, nécessite chez la multitude, soit la stupidité, soit le fanatisme; et chez les autres hommes il nécessite l'hypocrisie, la doctrine double, l'impiété; en un mot, la corruption du cœur; il demeure donc la cause de tous les malheurs qui arrivent à une aggrégation d'extravagans et de scélérats.

Seroit-il permis de proposer aux partisans du presbytéralisme; aux partisans de la maxime *il faut tromper le peuple;* à ces *meneurs* si fiers de leur impiété, de leurs préjugés et de la bassesse de leurs sentimens; seroit-il permis de leur proposer de lire l'histoire du Judaïsme jusqu'à l'établissement du Catholicisme, et de lire l'histoire du Catholicisme jusqu'à la suppression de la *Compagnie dite dé Jésus?* Ces deux tableaux représentent au vrai ce que c'est que le *presbytéralisme en crédit.*

Pour se représenter ce que c'est que le *presbytéralisme en caducité,* qu'on se rappelle les sottises Ecclésiastiques et Parlementaires depuis l'assasinat de Louis xv, les miracles opérés au cimetière *Saint-Médard,* les contorsions des *Possédés* dans la Sainte-Chapelle de *Paris* et dans la cathédrale de *Besançon,* Christophe de Baumont mandant aux badauds de son diocèse, qui, pour bien mourir, avoient besoin d'une petite drogue dite le *Viatique*, de ne s'adresser *ad hoc* qu'à des brocanteurs *Molinistes*; de plus, les mandemens des autres évêques pour permettre ou pour défendre de manger des œufs; la saisie de la première édition de l'*Encyclopédie*; Louis xv dévot et crapuleux; la condamnation à mort de Calas; Louis xvi intentionné de réformer les abus, se laissant contrarier par les aristocrates : mais l'opposition à la réforme des abus dut appeler la révolution.

Elle a été terrible; cependant la leçon n'a point suffi; il s'agit donc de dire à chaque occasion, que s'il n'y avoit pas eu en France des corporations parasites et pernicieuses, s'il n'y avoit eu ni *clergé*, ni *noblesse*, ni le *clergé* ni la *noblesse* n'eussent pu se refuser à leur abolition; conséquemment il n'y eût eu ni motif ni prétexte pour établir la terreur.

Les aristocrates dissolus et mal intentionnés ne se représentoient point qu'ils avoient à lutter contre le plus actif de tous les pouvoirs; pouvoir qui, par cela même qu'il n'a rien de matériel, est invincible et absolu. Ce pouvoir tend à guérir le genre humain de sa démence.

Ce pouvoir affoiblit l'empire des opinions à mesure que la confiance dans les opinions diminue; conséquemment à mesure que leur

fausseté, à plus forte raison, à mesure que
leur malfaisance frappe un plus grand nombre
d'esprits; et quand le peuple lui-même parvient à substituer l'évidence aux opinions, les
opinions disparoissent à jamais; car ce pouvoir, c'est l'amour de soi, c'est l'intérêt
personnel.

- Ce pouvoir, affranchissant les hommes en
masse du presbytéralisme, attaque les autres
abus et les écarte.

Point d'effet sans cause; la monarchie Française a été abolie chez un peuple idolâtre de
ses rois, et une révolution entreprise sous le
prétexte de la réforme des abus, s'est compliquée des malheurs les plus affreux : les
causes dont le concours a produit de tels phénomènes méritent bien l'attention des peuples
et des rois.

Redisons qu'à son avénement à la royauté,
Louis xvi a sincèrement manifesté l'intention
de réformer les abus; mais Louis xvi n'avoit
ni instruction, ni caractère.

Il fut donc le jouet des prêtres, des hommes
de cour et de tous les intrigans. La conduite
et les propos de ces éternels ennemis des rois
et des nations devinrent si scandaleux, qu'ils
rompirent le prestige seul capable de main-

tenir la couronne sur la tête d'un monarque sans valeur.

Sans doute ce fut pour s'élever eux-mêmes que les aristocrates humilièrent Louis xvi ; sans doute ils se flattèrent qu'à leur gré ils lui rendoient la portion d'autorité qu'il leur convenoit de lui assigner : mais ils minèrent les fondemens du trône ; ils montrèrent comment il falloit le renverser.

Cependant le plus dangereux ennemi de Louis xvi, c'étoit lui-même. Au-dessous des connoissances de son siècle, manquant de principes et d'énergie, il devint hypocrite et parjure. Son évasion et sa lâcheté détruisirent toute estime, toute confiance, tout attachement ; ce n'étoit plus le chef de la nation, c'étoit un factieux que d'autres factieux écartèrent facilement.

Louis xvi, arrivé au pied de l'amphithéâtre sur lequel sa destinée doit s'accomplir, jette un regard d'angoisse et d'étonnement sur son confesseur : mais le prêtre lui lâche un : *Fils de Saint-Louis, montez au ciel.*

Les aristocrates, toujours aristocrates, toujours hypocrites et mal-avisés, consignèrent ces paroles dans leur nécrologe. Ces paroles, que prouvent-elles ? Louis xvi a dû mourir

comme il lui avoit fallu vivre, persifflé, mys-
tifié, bafoué.

Philippe d'Orléans, après avoir voté la
mort de son cousin, fut lui-même jugé et
condamné à mort par la faction de Roberspierre, et Roberspierre à son tour fut renversé avec ses adhérens.

Que dans une révolution entreprise pour
réformer les abus, des fourbes, des parjures,
des scélérats se dévorent les uns les autres,
cela est conséquent; mais quand vos concitoyens les plus vertueux et les plus éclairés
vous sont enlevés, alors vous sentez le regret
de n'avoir pas eu l'instruction et le courage
nécessaires pour empêcher que des brigands
ne s'emparassent de tous les pouvoirs.

Dans la Notice des écrits sur la politique
et sur la morale, il sera fait mention des
hommes qui, par leurs travaux et leurs vertus, ont servi la cause du genre humain, mais
que notre ignorance et notre couardise lais-
sèrent à la disposition de leurs assassins. Ici
je ne citerai que Bailly et Malesherbes.

Lorsque Malesherbes, ministre de l'inté-
rieur, et Turgot, ministre des finances, com-
mencèrent à réformer les abus, les aristocrates s'élevèrent contr'eux; les gens de cour,
les gens de robe et les prêtres assurèrent que
Turgot

Turcot étoit un homme dangereux, un in-
novateur, un philosophe; quant à Malesherbes, ils le déclarèrent habituellement dis-
trait et incapable de servir l'état en qualité de
ministre.

Turcot fut renvoyé, et Malesherbes, bien
convaincu qu'il ne pourroit qu'être contrarié,
se retira.

Cependant, après avoir taxé Turgot et
Malesherbes qui alloient faire une réforme
que les progrès de l'esprit humain comman-
doient en France; après avoir taxé Turgot
et Malesherbes de folie et d'ineptie, les aristocrates s'avisent aujourd'hui de pleurer Malesherbes et d'accuser le peuple de son sort.

Un tel sophisme, une telle hypocrisie suppose la plus extrême impudence : mais les
aristocrates ne sont-ils pas identifiés avec la
perfidie et avec toutes les bassesses : c'est donc
aussi le peuple que les aristocrates accusent
du meurtre de Bailly.

La piété, la sagesse elle-même s'étoit servi
de l'organe de Bailly pour faire cesser un
usage qui outrageoit l'humanité (*). Écrivain
éloquent et philosophe, ses talens et ses vertus

(*) Voyez son Mémoire sur l'Hôtel-Dieu.

I

lui valurent la haine de la cour, du clergé et des parlemens. Maire de Paris, il fit constamment respecter la loi; il lui fallut donc s'opposer aux entreprises de la faction d'Orléans; mais les sottises et de Louis XVI et des prêtres, et des autres aristocrates, secondèrent la faction d'Orléans, et la faction d'Orléans parvint à immoler Bailly à sa vengeance.

Tant d'autres crimes se sont commis parce que l'habitude d'être couard n'est pas moins une seconde nature que l'habitude d'être fourbe, fripon, scélérat! et nos mandataires et nous-mêmes nous étions des hommes façonnés sous l'ancien régime.

Si même en l'an cinq de l'ère républicaine, la majorité du conseil des cinq-cents a si hautement protégé le parti aristocratique, c'étoit parce que la plupart des Français manquèrent d'une instruction suffisante pour ne point laisser s'insinuer dans le corps législatif des hommes décidés à tuer l'esprit de la constitution par le matériel de la constitution.

Et en l'an six, il siégeoit dans les deux conseils des gens si immondes, que le corps législatif dut faire une loi qui défendît à ses membres de conniver avec les dilapidateurs.

En moins de deux ans Barras, Larével-

LÈRE-LÉPEAUX, REUBELL et MERLIN conver-
tirent des succès décisifs en revers cruels. Ils
ont exposé la France au péril d'être entamée
par les armes des rois coalisés; et c'est avec
des *paquets d'avocat*, c'est avec de nouvelles
âneries et de nouvelles impertinences qu'ils
essayèrent de se disculper.

Et pourquoi le *conseil des cinq-cents* n'a-
t-il pas déclaré qu'il y avoit lieu à l'examen
de la conduite des ex directeurs?

Le *conseil des cinq-cents* s'est cru envi-
ronné de circonstances qui sembloient ne lui
laisser que le choix entre les maux, et il a
voulu préférer le mal qu'il considéroit comme
le moindre, en déclarant qu'il n'y avoit lieu
à l'examen.

Mais quoique la France fût gouvernée par
l'impéritie, disons par la stupidité; quoiqu'elle
fût battue par les empereurs de Russie et
d'Allemagne; quoiqu'elle fût menacée, in-
sultée, bouleversée par les agens du Cabinet
de Londres, cependant les principes du systême social prévalurent.

Vous dites : sans BONAPARTE la guerre civile éclatoit en France ; les rois coalisés la dé-
membroient pour en faire passer les parties
sous leur domination, ou ils la forçoient à
recevoir un maître sous telles ou telles condi-

tions ; et dans l'un ainsi que dans l'autre cas, les rois n'eussent admis que le mode de gouverner selon lequel l'homme qui gouverne est considéré comme le propriétaire de la nation, et non comme son élu.

Je conviens, messieurs, que BONAPARTE est né pour déconcerter les demi-savans, les charlatans, les exclusifs, les factieux et tous les scélérats. Il a gagné des batailles et pris des villes contre l'avis des rois, des aristocrates et des démagogues; ce qui est moins excusable encore, il est revenu de l'Afrique tout exprès pour sauver l'Europe de son égarement.

Et depuis deux ans qu'il gouverne, les succès sont si multipliés et si décisifs, que vous n'osez plus les attribuer à la fortune aveugle (*) : mais, selon vous, le sort de la France ne tient à présent qu'à un homme; lui seul retarde le retour de l'anarchie, ce qui, comme vous savez, est un mal incalculable; car l'anarchie conduiroit droit à la guerre civile, et la guerre civile au rétablissement du trône et de l'autel, rétablissement accompagné des deux premiers ordres avec toutes les autorités inutiles, insolentes et ruineuses : de là, mes-

---

(*) *Voyez* Répertoire politique et moral, *article* FORTUNE.

sieurs, vous concluez qu'il ne s'agit que de patience ; car le peuple n'attend que la première bonne occasion pour plier, comme du tems de ses pères, sous le joug de parasites qui daigneront toujours se donner la peine de lui en imposer.

Messieurs! le mode de gouverner qui exige que le peuple soit à la merci des *prêtres* et des *autres aristocrates*, est aboli en France.

Le système de révélation est usé, et ce système, qu'on permette l'expression, n'est point susceptible de raccommodage ; car toute croyance en des *mystères*, toute croyance qui suppose l'abnégation solemnelle et de la raison privée et de la raison publique, ne pouvant se perpétuer que par les moyens mêmes qui perpétuent l'ignominie des gouvernés et la perfidie des gouvernans, la *foi* s'évapore à mesure que la civilisation s'avance; et quand une nation entière apprend que c'est dans l'organisation individuelle de l'homme que se trouve le motif du respect des propriétés ; que pour réaliser et universaliser l'action de ce. motif, il s'agit de déterminer chaque homme à en appeler lui-même à la raison en tout ce qui concerne ses intérêts, la nation entière conçoit qu'elle peut se garantir des fléaux que jusqu'à présent les causes politiques ont attirés sur le genre humain, que même elle peut se garantir de plusieurs accidens qui dependent des causes physiques.

Voilà, dites-vous, *des abstractions, et les hommes ne se mènent pas avec des abstractions. Voilà cette maudite philosophie : que de désastres elle a occasionnés ! elle bouleversera le globe*, si le Légat à latere et le Feuilleton *n'en empêchent*.

Qu'en sa qualité d'épouse de Jésus-Christ, l'Eglise assomme, pour cette fois, la philosophie : nous la brûlerons ; ses cendres, nous les jeterons au vent, et....

En attendant, messieurs, souffrez que la philosophie mette le tems à profit.

L'académie de Berlin, pleine de l'importance des recherches qui ne peuvent se faire que dans le vide, crut devoir continuer à proposer de ces questions qui servent à augmenter la masse du galimatias. (*) D'ALEMBERT,

----

(*) Le goût le plus décidé pour les phrases qui ne sont pas claires, régnoit par delà la rive droite du Rhin; aussi le talent de *rembrouiller* les choses sur lesquelles on étoit prêt à s'entendre, y étoit en grande recommandation ; et c'étoit bien le moyen de conserver sa première fraîcheur au proverbe *querelle d'Allemands*.

scandalisé qu'une académie créée et protégée par un roi qui avoit le sentiment le plus exquis de sa dignité et de ses devoirs, par un roi philosophe, loin de fixer l'attention publique sur des objets relatifs aux besoins de la société, perpétuât un délire national, fit part de son animadversion à Frédéric; et pour donner un exemple de questions à proposer, il l'invita à faire annoncer celle-ci : *Est-il quelquefois permis de tromper le peuple ?*

Frédéric, jaloux de faire servir l'autorité et l'exemple du prince à l'avancement de l'esprit humain, ordonna à son académie, par une lettre en forme de leçon, par une lettre où se retrouvoit l'humeur qui avoit dicté celle de d'Alembert, de proposer pour sujet du prix de philosophie la question même que d'Alembert indiquoit.

Je saisis avec empressement l'occasion de rapporter une anecdote qui rappelle ou apprend qu'un roi a osé, il y a trente ans, suivre un conseil dont l'idée seule effarouchoit les têtes couronnées contemporaines. Cette anecdote atteste à-la-fois la magnanimité et de d'Alembert et de Frédéric, et elle devient ici un hommage à la fondation Teylérienne. La question que sa classe théologique propose (*) est précisément celle sur laquelle les circonstances présentes provoquent le jugement de l'Europe.

Grace à cet art qui accélère, étend et universalise la communication des idées, les esprits sont si heureusement disposés, qu'une seule sentence peut mettre fin au vieux procès entre le presbytéralisme et la philosophie.

« Ein jeder kan die gòtzen pfeiffen, er kan sie auch betten, oder singen; aber es sol niemand hintern. »

« Libre à chacun de siffler les idoles; il peut aussi les prier ou les chanter, pourvu que cela ne soit incommode à personne. »

Avec ce corollaire rigoureux des principes sur lesquels se fonde le respect des personnes et des autres propriétés, Frédéric écarta de lui le scandale de l'idolâtrie ou de l'hypocrisie, et il garantit pour jamais la monarchie Prussienne de toute entreprise presbytérale.

Frédéric s'étoit démontré que l'invention

____

(*) Quels sont les inconvéniens d'une religion nationale, c'est-à-dire d'un culte privilégié et salarié par l'état?

de l'imprimerie changeroit la condition humaine, et que les potentats qui demeureroient assez mal appris pour ne pas cesser *d'appuyer le trône de l'autel*, ruineroient leur autorité. Frédéric, conformant sa politique à son génie, à la justesse de son esprit et à l'élévation de ses sentimens, fonda son autorité et celle de ses successeurs, non sur le presbytéralisme, mais sur le besoin du bon ordre; non sur le prestige, mais sur la réalité; non sur les opinions, mais sur l'évidence : voilà pourquoi il se délectoit à persiffler les hypocrites, et à vilipender les opinions presbytérales, ainsi que les cultes de toutes les sectes, et de préférence le *Catholicisme*.

Qu'importe ce verbiage? vous écriez-vous; *Bonaparte, accédant au vœu du peuple Français, ainsi qu'à celui des rois et des empereurs, a fait un* Concordat *avec le Pape*.

Il appartenoit et il appartient à Bonaparte d'amener les circonstances les plus propres à déterminer les événemens qui subordonneront toutes les volontés au pouvoir moral, qui conséquemment substitueront aux sectes la religion qui a Dieu et la vérité pour base, et le salut du genre humain pour objet.

Il appartenoit et il appartient à Bonaparte d'en user avec ces rois encore ignares, comme une gouvernante bien avisée en use avec les enfans; elle n'oublie rien pour les appaiser et pour leur faire du bien malgré eux ; elle sait que les organes se développeront, et que l'entendement surviendra : elle trouvera donc un point d'appui, elle l'étendra et le consolidera ; par-là même, elle parviendra à donner aux facultés de ses élèves la direction la plus avantageuse à eux-mêmes et à la société.

Voilà comme Bonaparte en a usé et en use à l'égard de quelques personnages qui exercent la souveraineté, mais qui, comme des enfans, ignorent combien il est impie et funeste de lutter contre l'intention de Dieu, contre le vœu de la nature, contre les principes du système social et contre la conscience d'un peuple éclairé et invincible.

Bonaparte a donc pu et a dû promettre à *cette portion des Français encore Velches,* ainsi qu'à *ces rois qui croient au besoin du prestige,* tandis que la nécessité des gouvernemens est évidente ; Bonaparte a dû leur promettre de ne pas laisser manquer les consciences Catholiques de Grands-Vicaires, d'Évêques, de Cardinaux et de Pape, bien persuadé que rappeler actuellement l'attention publique sur le presbytéralisme, c'est faire apercevoir toute sa monstruosité ; c'est l'anéantir philosophiquement ; c'est l'anéantir par l'aversion de l'Europe entière ; c'est l'anéantir par l'expression du vœu des nations ; conséquemment c'est l'anéantir pour jamais.

Citoyens ! vous le savez ; il est impossible de bien gouverner une nation qui seroit à la merci de jongleurs dont l'essence consiste à lui commander, sous peine d'enfer, de renoncer à l'usage de la propriété la plus précieuse, la RAISON : mais il devient facile, il devient indispensable de bien gouverner une nation affranchie du presbytéralisme.

Le salut du genre humain exige donc que la science de le gouverner fasse des progrès assez sensibles pour que les personnages qui exercent la souveraineté, conçoivent combien il leur importe que le genre humain lui même s'initie, s'avance et se perfectionne dans la SCIENCE DE SE FAIRE GOUVERNER.

Résultats de l'instruction.

SECOND MÉMOIRE.

Le 1er. floréal an 10.

DIEU nous a doués de facultés par lesquelles nous pouvons, nous devons nous élever à la connoissance de son intention.

Si ce qu'on appelle la *religion de nos pères* n'est qu'un systême d'opposition à la volonté de DIEU, qu'un attachement, qu'une affiliation à quelque secte dont l'existence suppose chez les meneurs (*) ou l'illusion ou la perfidie, et chez la multitude qui se laisse mener, l'imbécillité, j'y répugne, je l'abhorre. DIEU me défend de me séparer de lui, de me séparer de la raison, de me séparer de l'intérêt de l'universalité des hommes.

Adam notre père à tous, crut en sa femme

(*) On appelle *meneurs d'ours*, ceux qui mènent des ours dans les rues, et qui gagnent la vie en leur faisant faire des singeries. *Dictionnaire de l'Académie française.*

qui s'en rapportoit au serpent; mais quelle furie faisoit accroire à *Caïn* et à *Abel,* que DIEU exigeoit en offrande les prémices des animaux et des fruits?

Quelle a été la croyance de *Sem,* de *Cham,* de *Japhet* et de leur postérité? *Moïse* ne le dit pas; ce qu'il nous assure, c'est que la race humaine se comporta mal, et que DIEU la noya : mais pour n'avoir pas à faire deux fois un premier couple de tous les êtres vivans sur terre, DIEU fit savoir à *Noé,* qu'il eût à construire un vaisseau, à y mettre les provisions nécessaires, et à y faire entrer sa famille avec une femelle et un mâle de chaque espèce d'animaux, qui ne fussent ni amphibies, ni poissons.

Despuis le déluge jusqu'à l'alliance que DIEU fit avec *Abraham,* rien de nouveau, si ce n'est que pour empêcher qu'une tour, dite depuis *la tour de Babel,* ne s'élevât jusqu'au ciel, DIEU fit parler à chacun un langage que son voisin ne comprenoit pas.

Abraham engendra *Isaac, Isaac* engendra *Jacob, Jacob* engendra *Ruben, Siméon, Lévi, Juda, Issachas, Zabulon, Joseph, Benjamin, Dan, Nephtali, Gad* et *Asser.* Les douze familles des fils de *Jacob* formèrent les douze tribus d'*Israël peuple de Dieu*, et la *Bible* nous apprend qu'*Israël* fut toujours bestial.

Dieu le Père envoya *Gabriel* par devers *Marie*; *Marie* conçut, accoucha et demeura vierge; mais l'*incarnation du Verbe* qui devoit sauver le monde, occasionna le massacre des nouveaux-nés dans Israël.

La progéniture d'une Juive obombrée par *Dieu le Saint-Esprit*, devint (*) *Dieu le Fils*, et *Dieu le Fils* fut honni, conspué, mis à mort par le peuple de *Dieu le Père*.

Dieu le Fils, mort le vendredi, ressuscita le dimanche; quarante jours après il monta au ciel, et s'assit à la droite de *Dieu le Père*.

Bien entendu qu'avant tout cela, il avoit dit à *Pierre* : *tu es Pierre, et sur cette Pierre je bâtirai mon Eglise.*

Telle est la quintessence de la religion Catholique : aussi est-ce à bon droit qu'un saint des plus renommés parmi les *Pères de l'Eglise*,

---

(*) Le tout a été prédit par les Prophètes, mêmement par les *Sybilles*, et chaque année le *Père Eternel*, *l'Enfant de la Vierge* et la *Vierge*, ainsi que *Hérode*, *Joseph*, *l'Ange Gabriel* et le *Saint-Esprit*, avec les rois *Melchior*, *Balthasar* et *Gaspard*, y compris les témoins oculaires l'*Ane* et le *Bœuf*, sont célébrés dans de beaux cantiques, dans des *Noëls*.

s'écria : *Je crois parce que cela est absurde ;
je crois parce que cela est impossible.*

Et il n'y a moyen de faire façon des gens,
qu'après leur avoir fait accroire précisément
ce qui est incroyable. Alors il ne reste au
pauvre monde d'autre parti à prendre que de
toujours en revenir au catéchisme *Catholique,
Apostolique* et *Romain.*

Ce catéchisme dit : « Dieu le fils, ou Notre-
Seigneur *Jésus - Christ*, a été conçu par la
vertu miraculeuse du Dieu Saint Esprit ; il est
né de sa mère demeurant vierge ; il est venu
au monde pour nous racheter de l'esclavage
du Démon, auquel Adam nous avoit vendus
en mangeant du fruit défendu, et ce fruit n'é-
toit pas plus mauvais que la chair en carême.
Le même seigneur *Jésus-Christ* a enduré mort
et passion ; mais il n'a enduré mort et passion
qu'étant homme selon le corps et l'ame ; sa
divinité n'a rien enduré. Notre-Seigneur *Jésus - Christ* est par-tout comme Dieu ; tant
que homme, il est au ciel à la place droite de
Dieu son père ; il est aussi quelque part sur
la terre, savoir, au Saint-Sacrement de l'autel
et à la messe en l'hostie, et au calice après la
consécration (*). »

____

(*) Catéchisme, ou Sommaire de la Doctrine chré-

Ce nouveau galimatias triompha dans quelques contrées de l'Asie, de l'Afrique et dans toute l'Europe, du vieux galimatias dit le *Paganisme*, et il devint bientôt si dominant à Rome, que la politique fit recevoir le baptême aux empereurs.

Six cents ans après l'*incarnation du Verbe* (*), parut un nouveau Prophète. Il n'étoit pas homme à faire, ainsi que le *Fils de la Vierge*, son entrée sur un âne, à être enlevé en l'air par le diable, ni à se laisser molester d'aucune façon.

Ses armes soumirent l'Arabie, la Turquie, la Perse et d'autres régions de l'Afrique et de l'Asie. L'Alcoran eut plus de prosélites que l'Évangile.

Messieurs, vous trouvez étrange que je m'occupe de Révélations, de Prophètes, de Prêtres, lorsqu'il s'agit d'un Cours de droit public, des principes du système social, de la liberté, de la dignité, de la sécurité des peuples et des rois ; en un mot, lorsqu'il s'agit de la SCIENCE DU BONHEUR.

----

tienne, revu par l'ordre de son altesse monseigneur l'archevêque de Cambrai.

(*) Le Saint-Père date ses bulles, ses brefs, etc. *à partu Virginis*, ou *ab anno incarnationis*.

Mais

Mais c'est d'une révélation que s'appuient la prêtrise et les autres causes politiques qui obscurcissent l'entendement, qui faussent l'esprit, qui dépravent l'instinct, la conscience, les sentimens et les passions, qui conséquemment sont incompatibles avec le bonheur.

Pour se réaliser, le bonheur exige l'accord des pensées et des actions du genre humain avec l'intention de Dieu, avec la pleine raison, avec les principes du système social.

Le *système de révélation* répugne à l'intention de Dieu, à la pleine raison, aux principes du système social; il est l'ennemi des peuples et des rois : la SCIENCE DU DROIT PUBLIC, la SCIENCE DE L'INTÉRÊT DU GENRE HUMAIN, la SCIENCE DU BONHEUR doit donc détruire le *système de révélation.*

Le privilége d'avoir des sensations plus multipliées et plus compliquées que ne le sont celles qu'éprouvent les autres êtres animés, a été trop long-tems funeste au genre humain. Le genre humain est enclin à la superstition, conséquemment susceptible de terreur et de fanatisme, tandis que les autres êtres animés sont exempte d'un tel ridicule, d'une telle turpitude, d'une telle misère.

K

Mais, par les mêmes lois qui exposent le genre humain à des méprises, à des fascinations dont les autres êtres animés sont exempts, le genre humain est doué d'une perfectibilité capable de le conduire à la connoissance de la volonté de Dieu à son égard, par-là même, à la jouissance de prérogatives d'un prix inestimable.

L'ignorance absolue et le genre humain datant de la même époque, le genre humain ne put que se placer dans des circonstances peu conformes, même contraires à son intérêt.

Mais le mode des circonstances politiques n'est qu'un résultat, je dirois le thermomètre de la disposition des esprits ; il dépend de l'action de l'ignorance originelle, ou du perfectionnement des facultés de l'homme ; et le genre humain est assez perfectible pour écarter la cause elle-même de toutes les circonstances politiques qui lui sont adverses.

Cette cause, c'est le système de révélation, c'est l'idée de l'importance du prestige ; l'idée, *il faut tromper le peuple.*

L'homme qui croit que sans prêtres il ne peut se préserver de l'enfer, ni s'assurer sa place dans le paradis, et l'homme qui croit que les prêtres ne sont nécessaires qu'au bon ordre temporel, repoussent l'un et l'autre la vérité, le bon sens, la connoissance de la volonté de Dieu; ils sont l'un et l'autre ennemis d'eux-mêmes et du genre humain.

La conscience des hommes qui croient fermement aux mystères, ne se dirige que selon les impressions qu'elle reçoit des prêtres ; elle est terrorifiée ou fanatisée. Quant aux gens à doctrine double, aux gens qui ne veulent des prêtres que pour empêcher le genre humain d'arriver à la connoissance de ses pouvoirs et de ses intérêts; ces gens se confient au mensonge, au mauvais principe, à l'esprit de ténèbres, à l'hypocrisie. Leur conscience est plus infâme, mais non moins absurde que ne l'est celle des hommes qui croient en une révélation. Les uns et les autres méconnoissent les lois de la nature de l'homme et l'intention de Dieu; ils sont en opposition avec les besoins et les facultés du genre humain; ils ne sauroient remonter à la cause des circonstances et des événemens.

L'idée de l'*importance du prestige* perpétuant la stupidité et l'impiété de génération en génération, exigeant de chaque homme qu'il jurât d'admettre comme vrai ce qui répugne à la raison, le genre humain ne put que recevoir une éducation incohérente, scan-

daleuse, absurde, infâme; aussi l'histoire at-
teste-t-elle qu'en tout lieu, que tour-à-tour,
ou à-la-fois, les hommes étoient féroces et
couards, hypocrites et mal-avisés, dupes et
fripons; aussi la conscience du genre humain,
le sentiment de ses pensées et de ses actions,
perpétua-t-elle la crainte et le mépris qu'il
avoit de lui-même.

La cause de l'influence que les hommes
exercent les uns sur les autres, ce sont les
sensations que l'homme éprouve, et celles
qu'il communique.

Quelles sensations avoit à communiquer et
à recevoir l'homme qui le premier rencontra
son semblable?

Ces sensations furent l'étonnement, la curiosité, le plaisir, la défiance. Sans doute,
l'instinct, le sentiment franc et primitif du besoin, les engageoit à se secourir; mais l'ignorance les forçoit à s'offenser malgré eux, et
un troisième ne pouvoit survenir sans apporter la mésintelligence : aussi-tôt l'égoïsme fit
éclore des passions d'autant plus préjudicia-
bles, que les hommes qui s'assemblèrent les
premiers, manquèrent de toute expérience.

Voilà l'aperçu de l'établissement des peuplades, et l'homme le plus astucieux dut ima-

giner quelque stratagême pour en imposer aux autres; il s'avisa du prestige, il fit accroire ce qui est incroyable; de là la magie, ou la prêtrise.

Le prêtre ne tarda pas à être deviné; de là la complicité entre plusieurs imposteurs et l'audace de commander au vulgaire l'obéissance à force ouverte. Ce fut ainsi que s'ouvrit la scène à laquelle devoient succéder des événemens déplorables; ce fut ainsi que le prestige et la superstition précipitèrent le genre humain dans un gouffre qui n'a ni fond ni bord; ce fut ainsi que dans sa démence le genre humain se persuada que Dieu vouloit que tels ou tels hommes eussent le droit de s'abandonner à une ambition sans frein et de commettre tous les crimes que l'ambition nécessite.

L'histoire de tous les peuples connus est précisément la même quant aux premiers pas qu'ils firent vers l'état social; et s'il y eut quelque différence dans les événemens subséquens chez telles ou telles nations, elle appartint au genre des préjugés de la multitude, au nombre des individus qui en furent affranchis, et au caractère des personnages qui s'avisèrent de s'en prévaloir.

3

Le but que nous nous proposons, n'exige point de discussion sur l'antériorité de l'existence de telle ou telle nation; il nous suffit de savoir que toutes, dès leur origine, furent infectées du presbytéralisme.

Toutes eurent des Mages ou des Prophètes, des Druides, des ministres de l'autel; et ces hommes, quelque nom qu'ils portassent, étoient des prêtres : tous ils parlèrent, agirent et se firent obéir de la part de puissances supposées ou célestes ou infernales.

Ils eurent bientôt inventé des dieux, des déesses et des puissances subalternes avec des spécifications et des attributs qui les fissent distinguer, qui les rendissent confédérés ou antagonistes, et qui les tinssent toujours prêts à protéger ou à persécuter.

Cette sorte de croyance s'appelle le *Paganisme;* les autres croyances sont des dérivations ou des imitations du Paganisme. Toutes n'ayant pu s'établir et ne pouvant se perpétuer que par l'imposture, quelle que soit la nuance des mystères et des modifications du culte, elles faussèrent l'esprit, elles dégradèrent les sentimens, elles contrarièrent l'intention de Dieu et le vœu de la nature.

Des écrits, qui datent d'une haute anti-

quité, nous apprennent que quelques hommes
firent des efforts multipliés pour donner à
leurs contemporains des notions conformes
à leur intérêt; mais les prêtres empêchèrent
facilement l'action des idées philosophiques :
car ces idées exigent la réflexion, et la réflexion présuppose la présence des idées à
examiner; mais le moyen de rendre la présence des idées philosophiques assez générale
et permanente pour que tous les hommes puissent en juger, n'existoit pas.

Les prêtres continuèrent donc à exercer leur
despotisme, et quand par la suite ils furent
obligés de composer sur le pouvoir suprême
avec des guerriers brigands, ils s'en réservè-
rent la prééminence : le trône s'appuya donc
de l'autel, et les préjugés, les sottises, la crapule, les vices, les crimes, les malheurs du
genre humain se perpétuèrent.

Si l'esprit de domination contraignit les
hommes avides du pouvoir suprême à employer le prestige et la violence, l'histoire atteste aussi que la conscience du plus grand
nombre des hommes a toujours décidé du sort
de tous.

Voilà pourquoi dans les tems où, faute de
communication des principes du système so-

4

cial, la conscience des nations ne put les servir dans la recherche de leur premier intérêt;
où conséquemment les hommes en masse ne
pouvoient apprendre qu'ils avoient à faire valoir toutes leurs facultés afin de pourvoir à
tous leurs besoins, les héros eux-mêmes furent
loin de savoir que l'autorité manque de sa base
naturelle, et que son exercice est périlleux
par-tout où les pensées et les actions de tous
ne s'accordent pas avec leur intérêt capital et
commun.

Jules-César n'avoit-il pas le génie, la re-
nommée et toutes les qualités capables de l'é-
lever au rang suprême, et ne fut-il pas assas-
siné en plein sénat?

Pour justifier, pour célébrer Brutus et les
autres conjurés, vous vous appuyez de leur
intention; je vous réponds : la pureté de l'intention ne suffit pas pour servir les intérêts
du genre humain.

Les Romains se heurtèrent contre un obstacle qui, de leur tems, fut insurmontable.
Leur ardeur pour la liberté dut les jeter d'é-
cueil en écueil; car le moyen de communiquer des connoissances exactes au peuple lui-
même, leur manquoit.

Enfin, lassés de leurs élans atrabilaires et
superbes vers une chimère, vers une grande

conception, mais qui, faute de l'art typographique, ne pouvoit se réaliser, ils dégénérèrent d'eux-mêmes; ils devinrent courtisans. La corruption et l'infamie leur firent subir le joug des brigands du Nord, et la barbarie exila les belles-lettres, les arts et les sciences.

Les ténèbres de l'ignorance s'épaissirent; la confusion et dans les idées et dans les affaires ne diminua sensiblement en Europe, qu'un siècle après l'invention de l'imprimerie. Les prêtres et les autres puissances ennemies du genre humain s'étoient emparés de l'art typographique dès son berceau, et ils le forcèrent à confirmer les peuples dans leur superstition, dans leur abrutissement.

Cependant la philosophie luttant avec les seules armes du raisonnement contre le pouvoir sacerdotal, pouvoir le plus vindicatif et le plus redoutable, parvint, à l'aide de l'imprimerie, à enlever aux Papes la suprématie qu'ils exerçoient si outrageusement sur les rois. L'ascendant de la vérité sur l'esprit humain avança bientôt et rapidement la civilisation; car bientôt l'art typographique éprouva moins d'entraves pour propager les idées nécessaires à la science de gouverner, à la science de diriger l'action de l'homme sur l'homme selon les principes du système social, à la science de décider les nations et leurs chefs à reconnoître leur intérêt et à y obéir, à la science qui, elle seule, préservera les gouvernemens de la caducité, et rendra les gouvernés et les gouvernans inviolables.

La source du bonheur est, ainsi que celle du malheur, en nous-mêmes.

Le bonheur se réalise par cette disposition de nos organes et des objets externes qui établit la série la plus durable de sensations propres à procurer le plus grand bien être et les jouissances les plus exquises.

La pleine raison elle seule créera le bonheur; elle seule veut, elle seule peut placer les nations dans des circonstances qui, loin d'apporter des obstacles aux vertus publiques et aux vertus privées, leur préparent et leur assurent des succès constans.

Point d'effet sans cause : le bonheur ne peut se réaliser que par l'action du pouvoir moral; que par la certitude de la jouissance des droits de l'homme; que par la certitude qui inspire à chaque associé au pacte social le sentiment du motif de ses devoirs, le sentiment de l'importance d'accorder ses pensées et ses actions avec sa conscience et avec la conscience du genre humain.

La conscience du genre humain ne peut devenir une que par la communication des principes absolument conformes aux facultés et aux besoins de l'homme.

L'intention d'améliorer le sort du genre humain a cherché ces *principes*, et elle les a trouvés; le moyen de communiquer ces *principes* aux nations elles - mêmes ne manque plus; nécessairement donc l'intérêt du genre humain en universalisera l'action.

Non, non, dites-vous, *l'intention d'améliorer le sort du genre humain et les principes ne servent à rien; ce sont des balivernes. Le peuple est un animal superstitieux et méchant; il faut le tromper et le museler. La société a besoin de cultes presbytéraux; le monde ne se gouverne qu'avec des opinions, n'importe lesquelles, pourvu qu'elles empêchent que le peuple ne fasse usage de la faculté la plus dangereuse, la* raison.

Messieurs, voilà les sophismes qui rendent les gens athées; voilà la base de cette *éducation libérale* tant recommandée par tous les partisans des *escobarderies*, des *abstractions aristocratiques*.

Messieurs, votre doctrine, la *doctrine double*, perpétueroit l'abjection et les malheurs du genre humain ; elle perpétueroit l'athéisme chez les *meneurs*, et l'idolâtrie chez la *multitude qui se laisseroit mener.*

Les jeunes gens que leur fortune fait participer à l'*éducation* dite *libérale*, ne pouvant concevoir que Dieu eût créé le genre humain pour être baffoué, ne pouvant pas s'empêcher de voir que le fait existe, et n'ayant pas des notions assez approfondies pour pouvoir se représenter que le genre humain n'est la victime du systême presbytéral que par un concours de causes politiques, sont entraînés à penser qu'il est moins impie de ne point admettre Dieu, que de l'admettre inconséquent et cruel.

C'est ainsi que l'athéisme qui ne part point de la corruption du cœur, tient à la prévention qui empêche d'acquérir les notions nécessaires à la justesse du raisonnement.

La corruption du cœur est une gangrène qui ne cesse que par la mort de l'individu.

Mais la prévention qui rend les gens athées, peut et doit se guérir.

Les argumens des athées se réduisent à une prétendue impuissance.

Selon les athées, *le genre humain étant sot et méchant, il n'y a point de Dieu; car si Dieu pouvoit exister, il seroit de son essence d'être juste et bon ; conséquemment le genre humain ne seroit ni sot, ni méchant, ni malheureux.*

Mais d'où vient que le genre humain est sot, méchant, malheureux? c'est qu'il y a des prêtres.

D'où vient que même en Europe il est encore des rois mal-avisés; des rois qui séparent leur cause de celle du genre humain; des rois qui conspirent sans cesse contre Dieu et contre la nature, conséquemment contre eux-mêmes? c'est qu'il y a des prêtres.

D'où vient que les nations sont toujours trompées et vexées? c'est qu'il y a des prêtres.

D'où vient que le nom de Dieu, qui ne devroit jamais être prononcé en vain, qui devroit toujours l'être avec respect, est celui dont la plupart des hommes se servent sans réflexion, et même pour exprimer les sentimens les plus désordonnés? c'est qu'il y a des prêtres.

Aujourd'hui une grande partie du genre humain peut se soustraire au joug presbytéral.

Aujourd'hui l'Europe et l'Amérique septentrionale sont en pleine possession du moyen de se communiquer tous les renseignemens dont elles ont besoin pour écarter toutes les causes politiques qui empêchent l'homme de jouir de ses facultés et de ses droits.

Mais, demandez-vous, pourquoi Dieu n'a-t-il pas fait trouver *ce moyen*, n'a-t-il pas fait inventer *l'imprimerie* au commencement des siècles?

Dieu est immuable; conséquemment il est de son essence de ne point intervertir l'ordre éternel et universel : Dieu a créé le genre humain perfectible, et le genre humain doit lui-même chercher et trouver tous les moyens moraux et mécaniques de se secourir.

L'expérience la plus constante nous apprend que l'homme qui se sépare de la raison, devient la dupe de soi-même et d'autrui.

Mais une nation, si elle comprend une fois qu'il lui appartient et qu'il est de son intérêt, conséquemment de son devoir d'en appeler elle - même à la raison, comprendra bientôt que le genre humain, en se guérissant de la superstition, se garantiroit de toutes les calamités qu'occasionnent les *causes politiques*, que même il pourroit se préserver de plusieurs fléaux qui tiennent aux causes physiques.

Concluons que l'objection, *le genre humain est sot, méchant, malheureux, donc Dieu n'existe point, n'est qu'un sophisme.*

De ce que l'homme ne connoît pas toutes les propriétés de la matière, est-il autorisé à penser qu'il fût possible de douer l'individu humain de la perfectibilité qu'il possède, sans que son organisation l'exposât à des illusions, à des séductions, à des adversités, même à des angoisses?

Si la perfectibilité dont l'homme est doué, suffit pour l'élever à la jouissance de la pleine raison, conséquemment pour vaincre les ennemis qu'il porte en lui et ceux dont une politique infernale l'environne, cette *perfectibilité*, bien plus que l'ordre matériel qui se succède depuis tant de siècles, manifeste à-la-fois une bonté et une justice éternelles, universelles et immuables. Oui, la *perfectibilité du genre humain* est le témoignage le plus décisif et le plus magnifique de l'intention, conséquemment de l'existence de Dieu.

Dieu ne nous doit aucune réponse sur des choses étrangères aux intérêts du genre humain; mais en tout ce qui les concerne, nous pouvons nous assurer qu'il existe une volonté

bonne, juste, éternelle, universelle et immuable. Cette volonté, c'est Dieu lui-même;
car ce n'est qu'en Dieu que peut exister l'ensemble des attributs d'une telle volonté.

Nous sommes donc assurés et de l'existence
de Dieu, et de sa volonté à notre égard.

Dieu a doué l'homme des plus belles prérogatives; mais pour que l'homme en jouisse,
Dieu veut que l'homme fasse valoir sa perfectibilité, qu'en même tems il fasse valoir celle de
son prochain; conséquemment que l'homme
garantisse à l'homme l'usage de la pleine
raison.

Si quelques rois et d'autres ambitieux veulent encore ravir au genre humain la faculté
d'en appeler à Dieu et à la raison, les droits
de l'homme n'en sont pas moins proclamés
chez plusieurs nations, et chaque jour augmente le nombre des hommes capables de démontrer que l'homme, pour se conformer à
son premier intérêt, a besoin que tous les
hommes puissent se conformer à leur intérêt,
a besoin que tous ils soient à l'abri des causes
politiques dont l'action obscurcit l'entendement et pervertit jusqu'à l'instinct.

Sans doute chaque homme n'apprendra point
à substituer des causes politiques à d'autres
causes politiques : mais faut-il être horloger
soi-même

soi-même pour voir l'heure qu'il est? Non,
il suffit que l'horloge marque l'heure, et que
tous nous ayons des yeux; de même, quoique
chaque associé au pacte social ne possède
point la science d'écarter du genre humain
les circonstances adverses, et de le placer
dans les circonstances les plus favorables, il
peut cependant participer aux avantages que
la civilisation la mieux achevée, les bonnes
lois et le pouvoir moral doivent réaliser. Que
la chose se fasse; le peuple ne se trompera
point sur le caractère d'un nouvel ordre, qui,
sous tous les rapports, servira son intérêt.

Et le progrès de la civilisation n'attire-t-il
pas l'attention de l'Europe sur la cause et sur
les résultats des événemens politiques?

Messieurs, ce n'est point le hasard (*) qui
a revêtu BONAPARTE de la première magistra-
ture du peuple Français.

____

(*) Dire qu'une chose s'est faite *par hasard*, c'est
dire que notre ignorance ou nos préjugés nous empêchent
de savoir comment elle est arrivée. Tous les effets sont
déterminés nécessairement. Quelque défaut ou quelque
valeur qu'ait eu le motif de l'application d'un moyen, il
n'agit jamais par hasard, mais le concours des circonstances lui fait produire nécessairement tels ou tels effets.

L

La nature et la réflexion ont mis en Bonaparte des qualités éminentes et les intentions les plus magnanimes : pourquoi donc lui refuser celle d'acquérir le premier une gloire sans exemple, mais devenue possible ; la gloire de fixer l'époque de l'accord indissoluble de la raison publique et de la force publique ?

Selon vous, messieurs, c'est et ce sera chose toujours impraticable de procurer à des millions d'hommes une *instruction complète sur leur intérêt capital et commun.*

Messieurs ! je démontrerai qu'une telle instruction n'est plus impossible ; je ferai mieux, je démontrerai que cette instruction s'avance ; je démontrerai que la disposition actuelle des esprits, que la simultanéité des circonstances, que la destinée (*) elle-même veut que cette instruction s'achève.

Les hommes qui avoient appris à connoître l'intention de Dieu, quoiqu'ils ne fussent qu'en un très-petit nombre, parvinrent, après l'invention de l'imprimerie, avec des moyens uniquement métaphysiques, à établir une puissance transcendante ; ils parvinrent à ins-

---

(*) La destinée, c'est la cause de ce qui est arrivé et de ce qui arrivera. Les circonstances étant telles ou telles, il faut qu'il s'en ensuive tel ou tel événement.

pirer le sentiment de leurs droits et de leurs devoirs aux hommes les mieux disposés à profiter d'une telle instruction.

Aujourd'hui la communication des idées philosophiques s'étend avec tant de rapidité, que la perfectibilité et les droits du genre humain ne paroissent plus chimériques, que même ils ne sont plus problématiques. Non, ce n'est plus par *contrebande*, c'est à la clarté du jour, c'est en face de l'univers, c'est d'un hémisphère à l'autre, que l'esprit humain se communique ses pensées et son vœu.

L'Amérique septentrionale et l'Europe se disent (*) : *Le genre humain n'appartient point à tels ou à tels individus. L'objet d'un gouvernement légitime, c'est l'intérêt des gouvernés. Les autorités non conformes aux intérêts des gouvernés sont essentiellement illégitimes ; mais l'exercice des autorités, conforme à l'intérêt des gouvernés, quand même il n'auroit pas encore été délégué par le fait du vœu matériel, est légitime ; il est sanctionné par le vœu intentionnel de la nation.*

____

(*) *Voyez* le discours de Thomas *Jefferson*, président des États-Unis d'Amérique, pour l'ouverture de la seconde session du congrès. A Paris, de l'imprimerie du Cercle Social, rue du Théâtre Français, n° 4, an 10.

Et aujourd'hui que la politique transcendante, la science de diriger l'influence de l'homme sur l'homme conformément au salut de tous, la science de décider les nations à reconnoître leur intérêt et à y obéir, fixe leur attention, les personnages qui exercent la souveraineté commencent à s'apercevoir que cette science divine ne doit pas leur être étrangère.

C'est ainsi que le système philosophique prépare et amène les intentions et les événemens qui feront succéder le mode de gouverner appuyé sur la vérité, au mode de gouverner appuyé sur le mensonge.

La révélation sur laquelle se sont échafaudés le *Judaïsme* et toutes les sectes entées sur lui, n'est plus, on permettra l'expression, que le *secret de la comédie*. Un nouveau Messie n'a point annoncé une révélation nouvelle; mais les esprits se sont assez avancés pour comprendre que l'objet d'une révélation n'est autre chose que d'empêcher que le genre humain n'arrive à la connoissance de la volonté de Dieu, d'empêcher que le genre humain n'apprenne ce qu'il peut et ce qu'il doit faire.

Le presbytéralisme étant démasqué en France, les Français, en tout ce qui intéresse l'état social, en appelleront nécessairement à la pleine raison ; immanquablement donc les *Français parviendront à assurer leur intérêt capital et commun ;* ils parviendront à se donner une garantie contre l'arbitraire, à effectuer un respect motivé, unanime, permanent et pour les personnes et pour les autres propriétés.

Cette garantie exige que les principes du système social soient enseignés simultanément et solemnellement à tous les associés au pacte social. Un tel enseignement, dès qu'il se réalisera, réalisera chez tous les Français à-la-fois, et comme par une commotion électrique, *l'instruction complète sur leur intérêt capital et commun ;* car tous les Français à-la-fois et comme en présence les uns des autres, seront convaincus, par l'existence même de l'enseignement des principes du système social, qu'il existe entr'eux une communauté de principes absolument conformes à leur intérêt. Cette certitude constitue le pouvoir moral ; elle établit dans tous les esprits le motif du respect de toutes les propriétés ; elle détermine donc l'unanimité des intentions.

Messieurs! vous persistez dans votre opinion. Selon vous, l'intérêt de la majorité des Français sera toujours sacrifié à celui d'une minorité. En tout lieu l'instruction nécessaire

3

à l'homme rencontre des obstacles; les riches y répugnent, c'est leur antipathie, ils tiennent à *la toute importance du prestige*.

Messieurs! je suppose avec vous, qu'à l'imitation les uns des autres, les riches sont aujourd'hui encore ignorans et impies, qu'ils méconnoissent le vœu de la nature humaine, qu'ils se croient au-dessus du premier commandement de la justice, de la sagesse elle-même : *Ne faites pas à autrui ce que vous ne voulez pas qu'il vous soit fait;* que telle est leur présomption et leur absurdité, qu'en violant même chez eux la propriété la plus précieuse, la propriété essentielle à l'homme, la RAISON, ils se flattent de rendre leurs autres propriétés inviolables (*).

L'aveuglement des gens riches peut et doit cesser, et chacun renoncera à un égoïsme trop périlleux, à un égoïsme qui le sépare manifestement de DIEU et de la nature.

Mais je me suis engagé à prouver que nul

____

(*) La plupart des hommes riches savent aujourd'hui que sans l'inviolabilité des propriétés facultatives, le respect des propriétés matérielles ne peut qu'être précaire ; mais pour réfuter l'objection des partisans du presbytéralisme, je dois l'admettre telle qu'ils la présentent.

effort ne peut plus empêcher que *l'instruction des Français sur leur intérêt capital et commun* ne se complète.

Pour que ma démonstration soit rigoureuse, je dois, ainsi qu'un prêtre, supposer que nos magistrats actuels se refusent à favoriser la communication des principes du système social; même qu'ils emploient les manœuvres tendantes à l'empêcher.

Leur conduite trahiroit leur dessein. Qu'en arriveroit-il? Les factions se reproduiroient, et elles ne manqueroient point de chefs. Le *Cabinet de Londres* se ressaisiroit de l'ascendant atroce qu'il a exercé contre la France jusqu'au 18 brumaire de l'an 8, dans la France elle-même.

Ces événemens influeroient sur la politique des autres puissances, et les Français se verroient encore menacés de la guerre civile, et forcés à se battre contre les ennemis du dehors.

Un tel vertige, tant de fléaux et la crainte très-fondée de la subversion des fortunes, ne disparoîtroient qu'après que les hommes opulens auroient pour jamais répudié la doctrine double avec l'injustice, expédiens toujours infâmes et dangereux, et qui, si on cherchoit à les réaccréditer, ameneroient catastrophes sur catastrophes.

La France n'a plus à craindre d'aussi grands malheurs : les magistrats du peuple Français, le peuple lui-même, ainsi que les généraux, les officiers et les soldats de ses armées, tous savent que *Dieu ne veut point que l'homme opprime l'homme.*

Quoique les institutions les plus impudentes et les exemples les plus pernicieux aient partout réduit le pouvoir moral à l'inertie, le pouvoir moral se produira, et il triomphera de tous ses ennemis. Oui, l'intérêt personnel lui-même déterminera l'homme à apprendre à son semblable, que *chaque homme, si sa raison est cultivée, et si celle de ses concitoyens l'est aussi, offre à la société une responsabilité complète.*

Et aujourd'hui la plupart des peuples de l'Europe sont assez civilisés pour sentir le besoin de se constituer sous la protection des principes du système social : le pouvoir moral agiroit donc dès aujourd'hui sur des millions d'hommes, si dès aujourd'hui tous les personnages qui gouvernent l'Europe manifestoient avec loyauté leur intention d'y obéir eux-mêmes ; car aussitôt l'approbation des peuples sanctionneroit une telle intention et la rendroit à jamais irrévocable.

Vous répondez : *tout pour le peuple, et rien par le peuple.*

Messieurs! votre générosité envers le peuple ne sert qu'à vous attirer des épigrammes. Le peuple ne veut plus que seuls vous preniez toute la peine.

N'importe, vous vous obstinez à soutenir que le peuple sera toujours trop ignorant pour savoir ce qui lui convient; mais aussi vous vous obstinez à ramener le peuple vers sa première ignorance; car, selon vous, ce n'est que grace à son ignorance qu'un peuple demeure soumis au gouvernement.

Messieurs! de deux choses l'une; ou le gouvernement est lui-même fasciné, il est lui-même assez ignorant pour ne pas s'apercevoir de l'importance de gouverner conformément à l'intérêt de la nation, ou bien il est assez clair-voyant, assez avancé dans la science de gouverner, pour procurer à la nation tous les avantages auxquels elle a le droit de prétendre.

Dans le premier cas, le gouvernement se décréditera; car il fera sottise sur sottise. Vous me dispenserez sans doute de vous parler de tous les résultats qui dérivent d'une telle manière de gouverner ; je dirai seulement que l'inviolabilité des rois et des empereurs n'en dérive pas.

Mais un gouvernement qui a des connoissances exactes en politique et en morale ; un gouvernement éclairé et bien intentionné ; un gouvernement qui veut assurer à la nation tous les avantages dont elle est susceptible, conçoit qu'il a besoin d'être secondé par la nation elle-même, conséquemment que chaque gouverné ait acquis l'instruction et la certitude qui les rendent tous capables de se conformer à leur intérêt ; qui par-là même les décidera à respecter et à faire respecter les propriétés de tout genre.

Que les prêtres et tous les aristocrates cessent de nous vanter les bienfaits de l'ignorance et la puissance du crime !

Le crime ne pourra plus triompher, pas même en apparence, dès que l'instruction nécessaire aux hommes en masse ne manquera plus : mais les gouvernemens, qui seront eux-mêmes bien appris, acquerront toute considération et toute autorité.

Et je le prouve par le fait. Le chef, le premier magistrat du peuple le plus avancé dans son instruction, obtient des succès et une gloire qui ne se réaliseroient pas chez un peuple ignorant et superstitieux; il obtient des succès les seuls décisifs, des succès qui conduiront tous les peuples au plus haut degré de la civilisation.

Mais l'homme assez ignare pour avoir fait abstraction des changemens que l'art typographique avoit opérés et doit opérer encore dans l'esprit et les mœurs des nations; l'homme assez ignare pour avoir voulu perpétuer son crédit et son ministère à l'aide des ténèbres et du crime, de quoi a-t-il à se féliciter? d'avoir médité les malheurs de la France, d'avoir entraîné tous les rois de l'Europe dans une coalition aussi infâme par son motif qu'horrible par son plan, d'avoir occasionné le massacre d'un million d'hommes, d'avoir augmenté la dette de l'état qu'il prétendoit servir, d'avoir......

Et la fin si tragique de Paul Ier.!

Non, les empereurs, les rois et les peuples ne seront inviolables effectivement, qu'après que l'action des principes du système social se sera universalisée, et alors le presbytéralisme n'existera plus; car le presbytéralisme est incompatible avec le système social.

Plus les gouvernés et les gouvernans professent le presbytéralisme, plus ils sont mal-

avisés, plus ils sont ou superstitieux, ou hypocrites; conséquemment les uns et les autres
se poussent dans des circonstances qui nécessitent un état habituel de perplexité et at-
tirent enfin les fléaux les plus terribles sur
toute la nation.

L'effet répond à la cause. Dans les tems
où l'Europe étoit la plus barbare, dans les
tems où *des princes barbares dirent à des
prêtres barbares : trompez mon peuple et je
vous payerai bien; les prêtres ensorcelèrent
les peuples et détrônèrent les princes* (*).

En France, ces beaux jours de la *religion
de nos pères* sont passés. Nous n'avons plus
cette Foi, dont un grain transporte les montagnes.

En France, chaque jour force les partisans
du presbytéralisme à se décréditer, et chaque
jour augmente le nombre des hommes capables de contribuer au succès d'un gouvernement qui veut tarir la source elle même de
toutes les superstitions anti - sociales; d'un
gouvernement qui fait la plus simple et la
plus paisible transition du presbytéralisme à
la philosophie.

(*) Voltaire, pièces détachées, tome I.er.

(173)

Cette transition, c'est le *Concordat*. Il anéantit les dernières espérances de nos ennemis.

Français ! pour tous vous conduire sans nouvelle commotion vers l'époque de laquelle datera votre salut ; pour vous disposer à renoncer unanimement au presbytéralisme, et en attendant, pour soumettre le sacerdoce à la souveraineté, conséquemment à l'intérêt national, la sagesse conseilloit à notre gouvernement de rétablir le pape, de faire un *Concordat*, et d'en dicter les articles. La preuve que le gouvernement Français a dicté les articles du *Concordat*, c'est le *Concordat* lui-même.

Nous sommes donc assurés que l'Eglise ne peut plus faire que de vains efforts contre la RAISON.

Oui, le *Concordat* est une nouvelle preuve de la sagacité avec laquelle NOTRE PREMIER CONSUL prépare les circonstances et saisit l'occasion.

Le *Concordat*, et la civilisation actuellement si rapide, guériront incessamment et radicalement ces rois qui sont encore Catholiques, du préjugé le plus honteux, le plus misérable et le plus funeste. Ces rois reconnoîtront enfin que, loin d'avoir besoin du sacerdoce, il importe à leur autorité et au bon ordre de laisser s'anéantir un pouvoir toujours ennemi du genre humain ; *pouvoir parasite et abominable,* quand le peuple n'y croit pas ; *pouvoir plus abominable,* quand le peuple y croit.

La foi de l'homme réellement Catholique, le constitue en révolte permanente contre Dieu, contre la vérité, contre la raison.

L'homme réellement Catholique est toujours prêt à donner sa vie et à verser le sang de son prochain pour prouver que la formule blasphématoire, dite *consécration, transubstancie le pain à chanter en sang et en chair de Dieu.*

Et la *confession* ne donne-t-elle pas aux prêtres l'ascendant le plus immoral et le plus impolitique ? N'est-elle pas le levier à l'aide duquel les prêtres soulèvent la masse des croyans et la tiennent à la disposition des factieux ?

Et les *Séminaires Catholiques* ne sont-ils pas des écoles où le novice apprend et s'engage à préférer l'Eglise à la patrie, où il se familiarise nécessairement avec les sophismes et avec l'hypocrisie ? mais les sophismes et l'hypocrisie sont une préparation à tous les crimes.

L'homme qui n'est point enragé et qui se

dit Catholique, n'est pas un Catholique; il n'est qu'un *menteur* : voilà où nous en sommes. Mais pourquoi mentir? L'homme libre en a-t-il le droit? Non ; le mensonge est l'apanage des esclaves et des despotes.

Que l'homme opprimé, pour échapper à quelque danger, ou à des inconvéniens, feigne d'être presbytéralisé, soit ; mais nous, qui avons le sentiment de la dignité que donnent et la raison et la protection de la loi, nous répugnons ouvertement aux cultes presbytéraux ; nous nous éloignons de ces individus fanatiques ou impudens qui s'érigent en intermédiaires entre la volonté de DIEU et le genre humain.

Nous professons en connoissance de cause la *religion*, l'*attachement*, qui a la vérité pour base, le perfectionnement des facultés de l'homme pour objet, leur perfectibilité pour moyen, et l'intérêt du genre humain pour motif.

Mais quel est le moyen le plus facile et le plus prompt d'accélérer, d'achever l'œuvre de la civilisation?

C'est d'établir des conférences solemnelles sur les principes du système social.

Quand l'évidence agit à - la - fois sur un grand nombre d'hommes en présence les uns des autres, la vérité reçoit une puissance irrésistible; car l'intention de tous acquiert le caractère qui se manifeste par la justesse de l'esprit et par l'élévation des sentimens.

Ces conférences étant ouvertes par des Français à-la-fois recommandables et par la vertu et par la richesse; ces conférences étant officielles et publiques, réaliseront le vœu de la nature de l'homme et l'intention de Dieu; elles procureront aux propriétés matérielles la garantie d'un respect motivé, unanime et permanent, car elles attesteront par elles-mêmes que le respect des propriétés facultatives est établi; le respect de toutes les propriétés se nationalisera donc, et de génération en génération il se perpétuera.

Oui, l'intérêt personnel, dès qu'il nous sera bien connu, nous déterminera, non - seulement à ne pas faire à autrui ce que nous ne voulons pas qu'il nous soit fait, mais nous suivrons de plus près l'intention de Dieu, le précepte : *aimez votre prochain comme vous-même.*

L'homme qui apprend *à s'aimer soi-même,* apprend *à aimer son prochain;* car il conçoit que

que

que son premier intérêt exige que tous les
hommes aient la conscience de leurs devoirs,
que tous ils osent et puissent accorder avec
elle leurs pensées et leurs actions : l'homme
qui apprend à s'aimer soi-même, sera donc
bientôt convaincu combien il importe à son
bonheur qu'il y ait entr'eux et lui, quant à
la garantie des propriétés facultatives et des
propriétés matérielles, une communauté de
principes et d'intérêts; et ce sentiment n'est-
ce pas l'*amour du prochain?* n'est - ce pas
cette *bienveillance mutuelle,* que la raison,
que la sagesse, que l'intérêt bien entendu,
que Dieu prescrit?

La *morale,* la *science de s'aimer soi-même,*
n'a jamais été enseignée dans sa simplicité,
dans sa pureté, dans son intégralité; aussi
a-t-elle toujours été stérile ou mal-avisée.

Les prêtres n'ont pu devenir prêtres, n'ont
pu se donner l'ascendant qu'ils ont acquis sur
le genre humain, qu'en lui faisant prendre le
change sur le motif à l'aide duquel ils le sub-
juguèrent; ils lui persuadèrent que la morale
avoit besoin d'une révélation; de là ce détestable amalgame des commandemens de l'E-
glise avec les commandemens de Dieu; de là
les fléaux les plus affreux que les gouvernans

dirigèrent contre les gouvernés et contre eux-
mêmes.

Français! l'histoire atteste que, depuis le
baptême de CLOVIS jusqu'à l'assassinat de
HENRI IV, les circonstances contraignirent
l'immense majorité de nos aïeux à demeurer
ignorans et idolâtres : si nous - mêmes nous
avons été soumis aux influences les plus cruel-
les, c'est que nous - mêmes nous n'étions encore que des demi-savans, des hommes vains,
inconséquens et mal-avisés : mais les circonstances actuelles sont absolument différentes;
elles autorisent, elles invitent et elles déter-
mineront tous les Français à s'apprendre les
uns aux autres que tous ils doivent en appeler immédiatement au Créateur du genre humain, et que ce n'est que par l'étude des lois
inhérentes à l'organisation individuelle de
l'homme, qu'ils arriveront à la connoissance
de la vérité, conséquemment à la connoissance de la volonté de DIEU.

L'esprit, le caractère, le motif du *Concordat*, que notre gouvernement vient de pro-
mulguer, sont clairs et décisifs.

Le *Concordat* soumet les prêtres à l'autorité civile. La liberté de conscience est donc
assurée. Tous nous pouvons préférer, et tous,

notre conscience étant assez éclairée, nous préférerons le culte le moins incompatible avec l'intention de Dieu.

Et le discours du citoyen Portalis sur l'organisation des cultes, et les pièces y annexées (*), nous indiquent un culte qui, par l'esprit de son institution, conduit l'homme à la connoissance de la volonté de Dieu.

« Toutes les communions Protestantes s'accordent sur certains principes (**). Elles n'admettent aucune hiérarchie entre les pasteurs; elles ne reconnoissent en eux aucun pouvoir émané d'en-haut; elles n'ont point de chef visible; elles enseignent que tous les droits et tous les pouvoirs sont dans la société des

-----

(*) De l'imprimerie de la République, germinal an 10.

(**) Si, selon les Protestans de la Confession d'Augsbourg, Jesus-Christ existe corporellement dans un morceau de pain, au moment où ils le reçoivent, c'est que Luther, premier réformateur, n'osa point écarter totalement l'idolâtrie; mais Calvin trouva les esprits plus avancés, et il soutint que Jesus, en faisant la cène avec ses disciples, n'avoit, ainsi que ses paroles l'annoncent, institué qu'une cérémonie pour honorer sa mémoire. Ce n'est point une idolâtrie, c'est une piété de rendre hommage à la mémoire de Jesus, qui, comme Socrate, fut sacrifié aux prêtres, parce que, comme Socrate, il professoit son aversion contr'eux

fidèles et en dérivent. Si elles ont une police, une discipline, cette police et cette discipline sont réputées n'être que des établissemens de convention. Rien de tout cela n'est réputé de droit divin. »

« Les pasteurs des diverses communions Protestantes nous ont adressé toutes les instructions nécessaires. Je dois à tous le témoignage qu'ils se sont empressés de faire parvenir leurs déclarations de soumission et de fidélité aux lois de la république et au gouvernement. Ils professent unanimement que l'Eglise est dans l'état, et que l'on est citoyen avant d'être Ecclésiastique, et qu'en devenant Ecclésiastique on ne cesse pas d'être citoyen. Ils se félicitent de professer une religion qui recommande par-tout l'amour de la patrie et l'obéissance à la puissance publique. »

« On a donné un consistoire local à chaque Eglise, pour représenter la société des fidèles, en qui, d'après la doctrine protestante, résident tous les pouvoirs. »

« Rien n'a été négligé pour faire participer les Protestans au grand bienfait de la liberté des cultes. Cette liberté jusqu'ici trop illusoire, se réalise aujourd'hui. »

Citoyens, profitons de cette liberté : que la France soit sauvée du Catholicisme !

Renonçant aux opinions, et n'accédant qu'à l'évidence, notre religion ne sera plus sacrilége, immorale, impolitique; mais une comme la vérité, elle deviendra universelle et demeurera impérissable; elle sera pure, elle sera conforme aux besoins et aux facultés de l'homme; elle sera édifiante, elle sera divine.

Renonçant aux opinions et n'accédant qu'à l'évidence, nous ferons disparoître tous les prétextes aux abus, conséquemment les abus eux-mêmes; mais les bonnes lois, les lois absolument conformes au vœu de la nature, aux principes du systême social, aux besoins et aux facultés de l'homme, une fois qu'elles seront établies, demeureront invariables.

Le mode de notre culte étant, ainsi que le mode de notre gouvernement, conforme à la vérité, au bon ordre et à Dieu, la nature elle-même établira les mœurs publiques et les mœurs privées les plus salutaires; car c'est dans leur rapport avec les lois sanctionnées par l'évidence de l'intérêt du genre humain, que consiste l'excellence des mœurs publiques, comme l'excellence des mœurs privées consiste dans leur rapport avec les lois de la nature de l'homme.

« Pour s'unir entr'eux, les hommes n'ont

besoin ni de révélations, ni de secours sur-naturels; il leur suffit de consulter leurs inté-rêts, leurs affections, leurs forces, leurs divers rapports avec leurs semblables; ils n'ont be-soin que d'eux-mêmes. »

« Chaque homme, par la seule impulsion de la loi naturelle, n'est-il pas chargé du soin de sa propre conservation? Ce que chaque homme peut pour son salut individuel, pour-quoi le corps politique, qui est une vaste réu-nion d'une multitude d'hommes, ne le pour-roit-il pas pour leur salut commun? La sou-veraineté est-elle autre chose que le résultat des droits de la nature, combinés avec les be-soins de la société (*)? »

Oui, chaque homme a le droit; par-là même des hommes en un plus ou moins grand nom-bre, ont le droit de suivre le culte que leur conscience leur apprend être le plus con-forme à leur intérêt, ainsi qu'à celui du genre humain; en même tems nous sommes certains qu'un tel culte, c'est celui des Protestans.

Mais à qui parmi nous, qui portons le so-briquet de *Papistes*, appartient-il de donner

____

(*) Rapport du citoyen PORTALIS au conseil d'état, page 3.

(183)

les premiers le bon exemple? C'est aux Français les plus opulens, c'est à eux à établir ces conférences, où leurs concitoyens pourront recevoir tous les éclaircissemens et compléter leur instruction.

Alors ne pas apprendre à reconnoître si un raisonnement, quand il concerne le premier intérêt du genre humain, est faux ou exact, ce seroit devenir coupable envers la société.

L'instruction surmontant tous les obstacles politiques, l'évidence pénétrera dans tous les esprits, comme la clarté du jour se répand sur tous les corps qu'elle rencontre.

Et quand les institutions et les exemples seront conformes aux lois divines et humaines, au vœu de la nature, à l'intérêt du genre humain, l'imitation opérera des effets aussi salutaires que jusqu'à présent elles en a nécessité de funestes.

Que les Français les plus opulens proclament : *Chaque homme, si sa raison est cultivée, et si celle de ses concitoyens l'est aussi, offre à la société une responsabilité complète;* certainement alors l'imitation secondant l'action du vœu de la nature, et déterminant l'adhésion unanime au principe sans lequel le respect des propriétés ne peut se fonder sur un motif évident, universel, immuable,

4

l'habitude sera bientôt et pour toujours confirmée par le raisonnement; car le raisonnement démontrera qu'elle est absolument conforme à tous les intérêts.

Ce sera ainsi que tous les Français apprendront ce que nul ne peut ignorer sans apporter dommage à soi et à autrui.

Oui, chez le peuple Français, peuple invincible, la communication des principes du système social nationalisera nécessairement la justesse de l'esprit, et c'est la *justesse de l'esprit* qui produit *l'élévation des sentimens.* Citoyens! voilà et l'élément et le but de l'instruction de tous les peuples.

Nous dira-t-on encore que, l'autorité ne pouvant se maintenir si les hommes en masse connoissoient leur intérêt et leur force, l'autorité, pour perpétuer leur asservissement, a besoin qu'au moyen de l'expectative de châtimens et de récompenses à échoir après la mort, les prêtres persuadent aux hommes en masse qu'ils doivent être ignorans et misérables pendant la vie?

Mais où est la cause de tous les sophismes, et où est le soutien de toutes les autorités illégitimes? dans le Presbytéralisme, dans le Catholicisme sur-tout.

Le peuple ayant juré d'obéir à des commandemens qui choquent le bon sens, et voyant
par-tout contraster les exemples avec les conseils, s'accoutume nécessairement à commettre
des péchés réels, par cela qu'il n'a pu s'empêcher d'en commettre de factices; voilà comme
le presbytéralisme obscurcit l'entendement et
la conscience; voilà comme il conduit au
crime; voilà comme il rend le criminel plus
aveugle, plus furieux, plus atroce; voilà
comme il dispose le peuple à souffrir et à
commettre tous les excès; voilà comme il le
transforme en une agrégation de buses et de
chenapans; et c'est ainsi qu'à la première occasion il le livre aux factieux, qui, selon leur
dessein, le jettent dans la stupeur ou lui com-
muniquent la frénésie.

Quant à l'idée, soit de la récompense de la
vertu, soit du châtiment des forfaits, elle n'a
nul besoin des prêtres; même elle sera funeste par-tout où elle sera présentée avec
l'accompagnement des mystères, des articles
de foi, des billevesées, des impiétés que les
prêtres enseignent. Toujours avides, turbu-
lens, factieux, ils ont abusé outrageusement
de l'idée de l'immortalité de l'ame; ils ont
promis *le Paradis* et menacé de *l'Enfer*, ou
seulement *du Purgatoire*, selon que cela leur

convenoit, soit tout simplement pour mettre la crédulité à contribution, soit pour provoquer à tous les attentats.

Français! qu'à l'avenir l'idée de l'immortalité de l'ame ne soit jamais malfaisante; que jamais elle ne nous sépare de la volonté de Dieu.

Dieu a doué l'homme de raison : l'intérêt de l'homme, son devoir, c'est de la cultiver.

Cependant tous les gouvernemens s'étant ligués contre Dieu et contre la nature, tous faisant des efforts pour perpétuer la croyance en une *révélation*, l'idée de l'immortalité de l'ame ne servit qu'à retenir les peuples dans la dépendance des prêtres.

O vous, qui exercez le pouvoir suprême, soyez vous-mêmes persuadés qu'après cette vie, le *moi de chaque homme* sera, selon ses actions, récompensé ou puni, et vous accorderez vos pensées, vos mœurs, vos projets, vos actions avec l'idée si sublime de l'immortalité de l'ame; vous professerez, vous promulguerez les principes du système social; par-là même vous certifierez tous les peuples, que vous suivez l'intention de Dieu, et que dès cette vie, vous vous identifiez avec elle.

L'homme peut échapper aux lois faites par

les hommes, mais il n'échappe point à la loi que Dieu a établie; elle est éternelle et immuable.

L'homme s'aveugle, l'homme cesse d'être de bonne foi avec soi-même, dès l'instant qu'il commence à en manquer vis-à-vis de son prochain; voilà pourquoi vous, qui osez *mentir au peuple*, vous ne voyez pas, que là où le peuple manque de la connoissance de son premier intérêt, le prince ne peut remplir ses devoirs qu'en luttant contre des obstacles qui se reproduisent sans cesse.

Ici je me borne à ne parler que de Louis XV.

Pendant sa minorité, et encore pendant plusieurs années après son avénement au trône, les Français l'aimèrent vivement; et l'on assure que Louis XV eut l'intention de les aimer aussi.

MASSILLON prononça devant lui des discours faits pour l'avertir de tous les devoirs d'un roi. Louis XV voulut suivre de si bons conseils; mais il rencontra des difficultés, et il les jugea insurmontables. Le malheureux! méconnoissant le vœu de la nature, il se trompa sur l'intention de Dieu, ses idées se brouillèrent, et il se persuada que le désordre, l'arbitraire et les prévarications étoient inséparables des hommes réunis en société : de là son insouciance, sa crapule, son ignominie.

La cause d'un tel sort, ce fut l'absence du motif qui put animer Louis XV du sentiment du besoin de respecter la nation. La nation manquant de la connoissance des principes du système social; la nation elle-même inconséquente, légère et vicieuse, ne put empêcher qu'un roi foible et mal conseillé ne devînt le jouet de tous les ennemis de l'Etat.

Voilà comme Louis XV fut réduit à se flatter que l'aîné de la branche régnante, pour être roi, n'a d'autre devoir à remplir, que celui de se faire *sacrer*.

Et un roi qui appuie le trône de l'autel, se compromet. Il fait supposer, il croit lui-même que la nation qu'il gouverne est sous le joug des préjugés, dont les courtisans et les autres ennemis de l'état s'autorisent pour faire respecter les abus. Cependant les sophismes perpétuent la bassesse des sentimens chez tous les individus qui composent la nation, et les abus accablent à chaque instant des millions d'hommes de détresse et d'angoisse : ce n'est pas assez de cette calamité habituelle, la nation entière arrive au danger le plus extrême; car si les abus ne se réforment pas, ils vont

en croissant, et ils deviennent immanquablement ou le prétexte, ou le motif d'une révolution d'autant plus épouvantable, qu'elle agit
avec plus de force, et qu'elle rencontre plus
de résistance.

Mais un roi né avec une heureuse organisation et bien élevé, s'il gouverne une nation
assez éclairée pour connoître ses droits, remplira tous ses devoirs, et il obtiendra nécessairement le respect avec l'amour de cette nation et de toutes les nations.

Les familles royales, quand les rois eux-
mêmes seront éclairés et bien intentionnés,
recevront l'éducation qui leur appartient. Les
familles royales acquerront un sentiment exquis de leurs devoirs envers la nation et envers le genre humain : alors, quand même
l'héritier de la couronne seroit affecté de quelque vice organique, et quelle que seroit l'ineptie qui en dériveroit, l'état n'en éprouveroit
point un grand préjudice.

De tels changemens se classoient parmi les
choses impossibles; mais ils seront des con-
séquences nécessaires de la révolution française.

Le systême qui répugne à tout prestige et à
toute autorité parasite, le systême qui s'appuie uniquement sur la vérité, qui dirige l'ac-

tion de l'homme sur l'homme selon l'intention de Dieu, qui décide les nations et leurs chefs à reconnoître leur intérêt et à y obéir, qui par cela même préserve les gouvernemens de la caducité; ce système ne pouvoit être admis en Europe qu'après qu'un peuple invincible auroit aboli chez lui l'hérédité du pouvoir suprême.

L'hérédité de l'exercice de la souveraineté étant abolie en France, les personnages qui gouvernent en Europe en qualité d'héritiers de la couronne, loin de continuer à méconnoître les devoirs qu'impose la royauté, auront à rivaliser d'instruction et de vertus avec le citoyen Français que le vœu de la nation a appelé à l'exercice du pouvoir suprême.

Certes, une telle émulation sera differente de celle dans laquelle les rois s'entretenoient entr'eux.

Citoyens! l'étude de la politique et de la morale nous ramène toujours aux mêmes réflexions. C'est que les principes du système social sont en petit nombre; et les faits que présente l'histoire du genre humain, ne sont que les résultats d'une continuité d'action de l'ignorance originelle, ou les résultats de la civilisation.

Soumis à l'action de l'ignorance originelle, les hommes, qui se crurent experts en affaires de politique et de gouvernement, n'ayant que des idées incomplètes du système social, il fut impossible de résoudre les questions les plus importantes : les lois demeurèrent donc arbitraires et contradictoires ; les gouvernemens continuèrent à spéculer sur l'ignorance ainsi que sur la corruption du genre humain, et les gouvernés pensèrent que, pour remédier aux abus dont ils souffroient en qualité de dupes, ils avoient à être fripons, chacun selon l'occasion et ses talens : voilà les résultats du mode de gouverner, outrageant, impie et atroce, qui force les rois et les peuples à se séparer de Dieu, de l'évidence et de la morale ; voilà les avantages dont toutes les nations sont redevables à l'ignorance, aux opinions et aux prêtres.

Mais pour démasquer le *sacerdoce* aux yeux des hommes en masse, il falloit le secours de l'imprimerie ; aussi ne fut-ce qu'après l'invention de cet art, que l'idée de la possibilité de conduire les nations et leurs chefs à la connoissance de leur intérêt, put se présenter à l'esprit humain.

Et il y a loin de la première conception d'une science à sa perfection ! Les sciences ne se perfectionnent qu'à mesure que ceux qui les cultivent, parviennent à écarter les opinions et à y substituer l'évidence. Ce n'est pas tout, il faut que les savans rendent les sciences profitables à l'humanité.

Et la science d'établir l'action non interrompue des lois les plus conformes aux intérêts du genre humain, la science qui apprend à l'homme à se faire gouverner, ne remplira son objet, qu'après que les nations elles-mêmes auront acquis une connoissance exacte des principes du systême social.

L'action des principes du systême social, du systême qui est absolument conforme aux facultés et aux besoins de l'homme, peut elle seule créer le bonheur et le conserver : car elle seule peut conduire les nations à la connoissance des commandemens de DIEU, à la découverte des bonnes lois, au culte divin et à toutes les institutions salutaires.

Français ! la disposition actuelle de votre esprit, votre puissance, votre caractère et la succession des événemens, veulent que votre révolution s'achève, qu'elle se fasse métaphysiquement, qu'elle se fasse dans les intentions.

Vous,

Vous, que la fortune autorise à donner toute culture à vos facultés intellectuelles! c'est à vous à posséder les premiers et à transmettre à vos concitoyens la science de se faire gouverner.

Que les Français les plus opulens et les plus instruits établissent ces conférences qui, par le caractère de leurs fondateurs, ainsi que par leur essence même, certifieront tous les Français du motif de leur institution.

Que les Français les plus opulens et les plus instruits présentent à leurs concitoyens, qui n'ont pas beaucoup de tems à donner à l'étude, un recueil complet de notions exactes sur la politique et sur la morale; qu'en même tems, ils offrent à leurs concitoyens qui possèdent uniquement les propriétés inhérentes à l'organisation individuelle de l'homme, un exposé en un seul tableau, de tous les faits capables de les déterminer à s'abstenir d'admettre comme vrai ce qui répugne à la raison.

Autoriser, déterminer tous les hommes à *s'abstenir d'admettre comme vrai ce qui répugne à la raison*, c'est universaliser le premier élément de l'état social, c'est décider le sort, c'est assurer le salut du genre humain.

Ce premier élément de l'éducation des peuples, les conduit à toutes les connoissances dont ils ont besoin pour se convaincre, que le motif des devoirs de l'homme se fonde sur son intérêt personnel ; qu'il se fonde sur la certitude, que le travail et la probité jouissent d'une protection effective.

Le caractère et le laconisme de l'enseignement qui consiste dans le conseil : *n'admettez pas comme vrai ce qui répugne à la raison,* autoriseront jusqu'aux hommes les plus pusillanimes à juger qu'à tous égards le systême et le gouvernement Français abhorrent la *doctrine double ;* et le peuple, quoiqu'il soit méfiant, parce que toujours il a été trompé, cessera de penser que les principes qu'on veut lui inculquer ne sont pas ceux de ses magistrats ; il aimera une instruction absolument et évidemment conforme à ses besoins matériels et à son vœu intentionnel.

Français ! il est beau de triompher par les armes ; mais c'est par l'action des principes du systême social, que s'anéantira toute politique ennemie du genre humain, et que se dissipera cet aveuglement opiniâtre qui, par ses effets, équivaut à l'intention coupable.

Mais la destinée elle-même détruit les *vieux pouvoirs* qui ne savent être qu'inconséquens,

mal-avisés, perfides; et aujourd'hui elle annonce, elle établit le *pouvoir* ami du genre
humain, le *pouvoir* qui, s'étant une fois fait
reconnoître, est irrésistible et impérissable;
car il émane de la vérité et il agit par l'é-
vidence.

Résultats de l'instruction.

TROISIÈME MÉMOIRE.

Le 1er. prairial an 11.

La nécessité agit sans le consentement des hommes, souvent même elle agit à leur insçu; cependant les circonstances les plus adverses, et les accidens les plus cruels ne sont que des résultats de la conduite du genre humain.

Quel est donc ce *pouvoir* qui ne laisse pas aux hommes le choix de leurs pensées et de leurs actions? c'est *l'intérêt lui-même,* c'est *l'amour de soi.*

Ce *pouvoir* dut contrarier sa destination. Il servit mal les hommes qui se rapprochèrent les premiers : car l'homme sauvage étant incapable de se délivrer de l'ignorance originelle, nulle société ne se forma sans tomber dans de grossières illusions, sans recevoir des préjugés absurdes, sans contracter des habitudes pernicieuses; et l'autorité, qui ne savoit s'ériger que par le prestige, s'opposoit à l'intention de Dieu; elle s'opposoit à la découverte du vœu de la nature, à la découverte des lois inhérentes à l'organisation de l'homme.

L'ignorance (*) contraignant ainsi les gouvernans et les gouvernés à méconnoître et à offenser leurs véritables intérêts, l'instinct et la réflexion se dépravèrent de plus en plus; la corruption générale occasionna des catastrophes épouvantables; elles n'étoient suivies d'aucun résultat propre à consoler et à secourir la race humaine. Des scélérats, des factieux triomphans se substituoient à des scélérats, à des factieux abattus; les circonstances restèrent les mêmes; conséquemment le genre humain, dans sa presque totalité, continuoit à être impie et superstitieux, lâche et féroce, hypocrite et brigand.

Mais après une immensité de siècles se produisit cet art qui commence à guérir et qui guérira le genre humain de son ignorance.

Surmontant lui-même tous les obstacles qui l'empêchent de satisfaire pleinement à sa des-

---

(*) L'ignorance est la plus dangereuse des maladies de l'ame, et la source de toutes les autres.

Bossuet.

3

tination, cet art acquiert la faculté d'affranchir le genre humain de tous les préjugés anti-
sociaux.

Quand une nation immense, courageuse et
spirituelle, possède un grand nombre d'hommes capables de la certifier de l'intention de
Dieu, et de lui faire apprécier les prérogatives du genre humain, le système social se
présente sans lacune, son évidence fait pro-
clamer tous ses principes, le motif de cultiver
les propriétés inhérentes à l'organisation de
l'homme se communique à tous les esprits;
par-là même la garantie des propriétés territoriales et mobiliaires s'établit sur une base
universelle, immuable, indestructible.

La destinée veut que le héros investi du
pouvoir souverain d'une telle nation, élevant
la science de gouverner au plus haut degré
de perfection, fasse disparoître de l'Europe
les occasions d'entreprendre la guerre et le
besoin de fouler les peuples.

L'Europe courbée sous des corporations
féodales, sacerdotales, gothiques et parasites,
l'Europe fatiguée par le choc des intérêts les
plus mal entendus, n'avoit su ni prévoir ce
que le ministère anglais oseroit, ni s'opposer

à ce qu'il s'attribuât le privilége d'un monopole universel (*).

Le *Cabinet de Londres* ayant fondé son
calcul sur l'imbécillité des gouvernemens, sur
la vénalité des hommes de cour, et sur tous
les vices qui infectèrent le genre humain, les
événemens couronnèrent sa spéculation.

Dominant sur les mers et dans le conseil
de la plupart des rois, le *Cabinet de Londres*
se confirma dans la pensée que, les moyens
par lesquels il avoit mis son systême en action, se multipliant comme d'eux-mêmes, le
terme de leur extension étoit indéfini : le *Cabinet de Londres* s'imagina donc que sa puissance arriveroit à une hauteur qui échappoit
encore à l'esprit.

Cependant la puissance du *Cabinet de Londres* n'est que conditionnelle.

La puissance du *Cabinet de Londres* su-
bira le sort de tout ascendant qui doit son
origine à l'*ânerie de nos pères*, à leur ignorance et à leurs opinions.

Non, non, dites-vous; *tout mal vient de
philosophie*. Sans la philosophie nous verrions

(*) *Voyez* Précis historique pour servir a l'é-
tude de la politique et de la morale.

4

fleurir la doctrine double; l'inquisition feroit, selon le besoin, des auto-da-fés; le pape aussi pourroit fulminer ses anathêmes; le clergé seroit riche, puissant, respecté; des Jésuites confesseroient les rois, et l'Europe eut demeuré en paix.

Messieurs! *tout mal vient d'ânerie.*

De par l'ânerie le genre humain a été, de siècles en siècles, élevé à contre-sens, et l'éducation des princes, spécialement celle des héritiers présomptifs, a été la plus détestable.

Sans *ânerie* point de *doctrine double,* point d'*aristocratie,* point de *corporations ennemies perpétuelles des rois et des peuples.*

L'*ânerie,* la *doctrine double,* l'*aristocratie* ont résisté aux bonnes intentions de Louis XVI, elles l'ont compromis; et quand les individus dont les parlemens et les deux premiers ordres se composoient, ont vu ce roi renversé sous les coups du *Cabinet de Londres et de la faction d'Orléans,* ç'a été sous les auspices de l'*ânerie* et de la *doctrine double* qu'ils ont demeuré fiers et forts de leur conscience, qu'ils ont demeuré dans l'opinion, qu'avec leurs chers et vieux expédiens, avec *leur religion de nos pères,* avec *leur expérience des siècles,* avec *leurs us et coutumes,* ils rattacheroient le peuple à leur joug.

Cette opinion, si digne de gens qui ne savoient pas l'heure qu'il étoit, fut suivie de dix années d'incendie et de carnage.

Une insurrection provoquée vers la fin du dix-huitième siècle, chez le peuple Français, peuple immense, valeureux et généralement libre de préjugés, devoit avoir des résultats absolument nouveaux, des résultats absolument opposés aux espérances dont les aristocrates et le *Cabinet de Londres* s'étoient flattés.

La révolution Française devoit décider et elle a décidé le triomphe de l'évidence sur les opinions, le triomphe de l'unité de principes, d'intérêt et d'action sur la doctrine double, le triomphe de l'esprit public sur l'esprit exclusif (*).

(*) Les faits qu'ont publiés les journaux officiels de Pétersbourg, de Berlin et des autres capitales de l'Allemagne, seront rapportés dans la NOTICE DES ÉCRITS SUR L'ÉCONOMIE, SUR LA POLITIQUE ET SUR LA MORALE. Nous n'oublierons pas d'y consigner le réglement de l'électeur de Bavière concernant l'imprimerie et la librairie. S'énoncer aussi nettement que le fait ce prince, c'est certifier de la pureté, de la sagesse, de l'immutabilité de son intention, et de toutes les qualités nécessaires pour bien gouverner.

Et l'énergie que produit la connoissance exacte de l'intérêt personnel, appuyée de la certitude de pouvoir s'y conformer, réalise nécessairement le motif d'un contrat indissoluble entre les propriétés inhérentes à l'organisation individuelle de l'homme, et les propriétés qui existent hors de l'homme. Certes, ce contrat, c'est le CONTRAT SOCIAL : car absolument et évidemment conforme à l'intérêt de toutes les nations et à l'intérêt de chaque individu, il garantit par cela même la liberté, la dignité, l'inviolabilité des pouvoirs systématiques légitimes.

Voilà comment s'évanouira pour jamais tout prétexte de transiger avec les préjugés, conséquemment tout obstacle aux institutions qui concourent avec l'homme à accomplir l'intention de DIEU, qui concourent avec l'homme à lui faire acquérir l'habitude de se conformer à son véritable intérêt.

Mais la plus salutaire, la plus auguste des institutions existe déjà chez un peuple constitué sous la loi du CONTRAT SOCIAL.

Les hommes qui ne possèdent que les propriétés inhérentes à leur organisation individuelle, et les hommes qui possèdent une plus ou moins grande richesse, tous sont appelés à la vertu et au bonheur.

Ceux qui ne possèdent que les propriétés inhérentes à leur organisation individuelle, sont infiniment intéressés à obéir à la loi d'un contrat, sans lequel ils ne jouiroient pas du droit inappréciable de faire valoir leurs propriétés à leur plus grand avantage; et la richesse n'induira plus en la tentation la plus humiliante et la plus dangereuse. Loin de vouloir éluder un contrat qui par son essence garantit le respect des propriétés de tout genre, la richesse renouvellera chaque jour une jouissance exquise, celle de se faire employer selon l'intention de Dieu, selon la fraternité humaine.

La vertu et le bonheur ne sont pas des chimères; mais c'est une chimère de prétendre à des effets sans cause, et c'est une affreuse illusion de chercher le bonheur précisément par les moyens qui en interceptent, qui en tarissent la source, par les moyens qui dégradent les sentimens.

Sans doute l'Angleterre est riche en or, ainsi qu'en provisions de tous les objets de commerce; elle domine sur les mers; elle a de vastes possessions dans l'Inde, et elle a prêté d'énormes capitaux au gouvernement : mais toute cette fortune atteste la sottise du gouvernement et la sottise de la nation.

Les capitaux prêtés par la nation au gouvernement ont disparu, et le gouvernement menace la nation de la non possibilité de servir les intérêts de l'emprunt, s'il ne demeure pas le maître absolu de ses plans et de leurs moyens d'exécution.

Les Anglais, le roi, ses ministres, son parlement et la nation, sont dans la dépendance la plus infâme. Il faut que le gouvernement soit atroce, et il faut que la nation ait la bassesse de sanctionner tous les forfaits du gouvernement. Voilà l'origine et le caractère de l'esprit national anglais.

Un tel esprit national provoque les événemens les plus opposés à ses desseins. La ruine d'un gouvernement qui ne peut se maintenir que par la perfidie, que par l'iniquité, que par la violence, est inévitable. L'or, l'audace, l'atrocité ne procurent qu'une puissance précaire et désastreuse.

C'est par l'accord des pensées et des actions avec la pleine raison ; c'est par le respect pour les principes du systême social ; c'est par l'observance du précepte : *Ne faites pas à autrui ce que vous ne voulez pas qu'il vous soit fait,* que les gouvernemens se légitiment, que l'homme jouit de tous ses droits, que la prospérité des états se conserve, que le bonheur se réalise.

En France la pensée et l'action nationales s'accordent avec la pleine raison, avec les principes du systême social, avec l'intérêt du genre humain.

La pensée et l'action du peuple Français abattront l'ennemi essentiellement antagoniste de l'industrie de tous les peuples.

Oui, le *cours expérimental du droit des gens* s'achevera; toutes les causes, toutes les circonstances politiques se modifieront selon le vœu de la nature de l'homme, selon l'intention de Dieu. L'évidence, l'esprit de vérité, l'esprit public établiront cet ordre de choses qui empêchera les peuples d'être ennemis d'eux-mêmes, mais qui favorisera les sciences, l'agriculture, le commerce et tous les travaux utiles; qui par-là même élevera le genre humain au plus haut degré de la civilisation; qui conséquemment produira tous les avantages que destine à chaque homme l'art de modifier les élémens politiques et physiques qui le composent et l'environnent.

Chaque jour déconcerte le *Cabinet de Londres*; et ces Français que la folle opinion sur la prééminence de leur sang, ces Français que l'orgueil avoit coalisés avec les plus féroces

ennemis de l'humanité, s'aperçoivent enfin
qu'ils est un DIEU, qu'il est une MORALE; ils
s'aperçoivent que les succès du crime préparent et appellent le châtiment.

Citoyens! qu'à l'avenir le crime ne par-
vienne pas à se donner même l'apparence du
succès.

Citoyens! c'est à nous, c'est au peuple
Français à démontrer par le fait, que les bons
principes sont bons, non-seulement en théorie; mais que les bons principes sont immanquablement et pour toujours suivis de bons
résultats, dès qu'ils sont établis dans leur plénitude.

Fin du cinquième Volume.